PERSISCH
WORTSCHATZ

FÜR DAS SELBSTSTUDIUM

DEUTSCH
PERSISCH

Die nützlichsten Wörter
Zur Erweiterung Ihres Wortschatzes und
Verbesserung der Sprachfertigkeit

3000 Wörter

Wortschatz Deutsch-Persisch für das Selbststudium - 3000 Wörter

Von Andrey Taranov

T&P Books Vokabelbücher sind dafür vorgesehen, beim Lernen einer Fremdsprache zu helfen, Wörter zu memorieren und zu wiederholen. Das Wörterbuch ist nach Themen aufgeteilt und deckt alle wichtigen Bereiche des täglichen Lebens, Berufs, Wissenschaft, Kultur etc. ab.

Durch das Benutzen der themenbezogenen T&P Books ergeben sich folgende Vorteile für den Lernprozess:

- Sachgemäß geordnete Informationen bestimmen den späteren Erfolg auf den darauffolgenden Stufen der Memorisierung
- Die Verfügbarkeit von Wörtern, die sich aus der gleichen Wurzel ableiten lassen, erlaubt die Memorisierung von Worteinheiten (mehr als bei einzeln stehenden Wörtern)
- Kleine Worteinheiten unterstützen den Aufbauprozess von assoziativen Verbindungen für die Festigung des Wortschatzes
- Die Kenntnis der Sprache kann aufgrund der Anzahl der gelernten Wörter eingeschätzt werden

T&P Books Publishing
www.tpbooks.com

ISBN: 978-1-78716-767-4

Dieses Buch ist auch im E-Book Format erhältlich.
Besuchen Sie uns auch auf www.tpbooks.com oder auf einer der bedeutenden Buchhandlungen online.

WORTSCHATZ DEUTSCH-PERSISCH
für das Selbststudium

Die Vokabelbücher von T&P Books sind dafür vorgesehen, Ihnen beim Lernen einer Fremdsprache zu helfen, Wörter zu memorieren und zu wiederholen. Der Wortschatz enthält über 3000 häufig gebrauchte, thematisch geordnete Wörter.

- Der Wortschatz enthält die am häufigsten benutzten Wörter
- Eignet sich als Ergänzung zu jedem Sprachkurs
- Erfüllt die Bedürfnisse von Anfängern und fortgeschrittenen Lernenden von Fremdsprachen
- Praktisch für den täglichen Gebrauch, zur Wiederholung und um sich selbst zu testen
- Ermöglicht es, Ihren Wortschatz einzuschätzen

Besondere Merkmale des Wortschatzes:

- Wörter sind entsprechend ihrer Bedeutung und nicht alphabetisch organisiert
- Wörter werden in drei Spalten präsentiert, um das Wiederholen und den Selbstüberprüfungsprozess zu erleichtern
- Wortgruppen werden in kleinere Einheiten aufgespalten, um den Lernprozess zu fördern
- Der Wortschatz bietet eine praktische und einfache Lautschrift jedes Wortes der Fremdsprache

Der Wortschatz hat 101 Themen, einschließlich:

Grundbegriffe, Zahlen, Farben, Monate, Jahreszeiten, Maßeinheiten, Kleidung und Accessoires, Essen und Ernährung, Restaurant, Familienangehörige, Verwandte, Charaktereigenschaften, Empfindungen, Gefühle, Krankheiten, Großstadt, Kleinstadt, Sehenswürdigkeiten, Einkaufen, Geld, Haus, Zuhause, Büro, Import & Export, Marketing, Arbeitssuche, Sport, Ausbildung, Computer, Internet, Werkzeug, Natur, Länder, Nationalitäten und vieles mehr...

INHALT

LEITFADEN FÜR DIE AUSSPRACHE

T&P phonetisches Alphabet	Persisch Beispiel	Deutsch Beispiel
['] (ayn)	دعوا [da'vā]	stimmhafte pharyngale Frikativ
['] (hamza)	تاييد [ta'id]	Glottisschlag
[a]	رود [ravad]	schwarz
[ā]	آتش [ātaš]	Zahlwort
[b]	بانک [bānk]	Brille
[č]	چند [čand]	Matsch
[d]	هشتاد [haštād]	Detektiv
[e]	عشق [ešq]	Pferde
[f]	فندک [fandak]	fünf
[g]	لوگو [logo]	gelb
[h]	گیاه [giyāh]	brauchbar
[i]	جزیره [jazire]	ihr, finden
[j]	جشن [jašn]	Kambodscha
[k]	کاج [kāj]	Kalender
[l]	لیمو [limu]	Juli
[m]	ماجرا [mājarā]	Mitte
[n]	نروژ [norvež]	Vorhang
[o]	گلف [golf]	orange
[p]	اپرا [operā]	Polizei
[q]	لاغر [lāqar]	Vogel (Berlinerisch)
[r]	رقم [raqam]	richtig
[s]	سوپ [sup]	sein
[š]	دوش [duš]	Chance
[t]	ترجمه [tarjome]	still
[u]	نیرو [niru]	kurz
[v]	ورشو [varšow]	November
[w]	روشن [rowšan]	schwanger
[x]	کاخ [kāx]	billig
[y]	بیابان [biyābān]	Jacke
[ɒ]	زنجبیل [zanjabil]	sein
[ž]	ژوئن [žuan]	Regisseur

ABKÜRZUNGEN
die im Vokabular verwendet werden

Deutsch. Abkürzungen

Adj	-	Adjektiv
Adv	-	Adverb
Amtsspr.	-	Amtssprache
f	-	Femininum
f, n	-	Femininum, Neutrum
Fem.	-	Femininum
m	-	Maskulinum
m, f	-	Maskulinum, Femininum
m, n	-	Maskulinum, Neutrum
Mask.	-	Maskulinum
n	-	Neutrum
pl	-	Plural
Sg.	-	Singular
ugs.	-	umgangssprachlich
unzähl.	-	unzählbar
usw.	-	und so weiter
v mod	-	Modalverb
vi	-	intransitives Verb
vi, vt	-	intransitives, transitives Verb
vt	-	transitives Verb
zähl.	-	zählbar
z.B.	-	zum Beispiel

GRUNDBEGRIFFE

1. Pronomen

ich	man	من
du	to	تو
er, sie, es	u	او
wir	mā	ما
ihr	šomā	شما
sie	ān-hā	آنها

2. Grüße. Begrüßungen

Hallo! (Amtsspr.)	salām	سلام
Guten Morgen!	sobh bexeyr	صبح بخیر
Guten Tag!	ruz bexeyr!	روز بخیر!
Guten Abend!	asr bexeyr	عصربخیر
grüßen (vi, vt)	salām kardan	سلام کردن
Hallo! (ugs.)	salām	سلام
Gruß (m)	salām	سلام
begrüßen (vt)	salām kardan	سلام کردن
Wie geht es Ihnen?	haletān četowr ast?	حالتان چطور است؟
Wie geht's dir?	četorid?	چطورید؟
Was gibt es Neues?	če xabar?	چه خبر؟
Auf Wiedersehen!	xodāhāfez	خداحافظ
Wiedersehen! Tschüs!	bāy bāy	بای بای
Bis bald!	be omid-e didār!	به امید دیدار!
Lebe wohl! Leben Sie wohl!	xodāhāfez!	خداحافظ!
sich verabschieden	xodāhāfezi kardan	خداحافظی کردن
Tschüs!	tā bezudi!	تا بزودی!
Danke!	motešakker-am!	متشکرم!
Dankeschön!	besyār motešakker-am!	بسیار متشکرم!
Bitte (Antwort)	xāheš mikonam	خواهش می کنم
Keine Ursache.	tašakkor lāzem nist	تشکر لازم نیست
Nichts zu danken.	qābel-i nadārad	قابلی ندارد
Entschuldige!	bebaxšid!	ببخشید!
entschuldigen (vt)	baxšidan	بخشیدن
sich entschuldigen	ozr xāstan	عذر خواستن
Verzeihung!	ozr mixāham	عذرمی خواهم
Es tut mir leid!	bebaxšid!	ببخشید!
verzeihen (vt)	baxšidan	بخشیدن
Das macht nichts!	mohem nist	مهم نیست

bitte (Die Rechnung, ~!)	lotfan	لطفأ
Nicht vergessen!	farāmuš nakonid!	فراموش نکنید!
Natürlich!	albate!	البته!
Natürlich nicht!	albate ke neh!	البته که نه!
Gut! Okay!	besyār xob!	بسیارخوب!
Es ist genug!	bas ast!	بس است!

3. Fragen

Wer?	če kas-i?	چه کسی؟
Was?	če čiz-i?	چه چیزی؟
Wo?	kojā?	کجا؟
Wohin?	kojā?	کجا؟
Woher?	az kojā?	از کجا؟
Wann?	če vaqt?	چه وقت؟
Wozu?	čerā?	چرا؟
Warum?	čerā?	چرا؟

Wofür?	barā-ye če?	برای چه؟
Wie?	četor?	چطور؟
Welcher?	kodām?	کدام؟

Wem?	barā-ye ki?	برای کی؟
Über wen?	dar bāre-ye ki?	درباره کی؟
Wovon? (~ sprichst du?)	darbāre-ye či?	درباره چی؟
Mit wem?	bā ki?	با کی؟
Wie viel? Wie viele?	čeqadr?	چقدر؟
Wessen?	māl-e ki?	مال کی؟

4. Präpositionen

mit (Frau ~ Katzen)	bā	با
ohne (~ Dich)	bedune	بدون
nach (~ London)	be	به
über (~ Geschäfte sprechen)	rāje' be	راجع به
vor (z.B. ~ acht Uhr)	piš az	پیش از
vor (z.B. ~ dem Haus)	dar moqābel	در مقابل

unter (~ dem Schirm)	zir	زیر
über (~ dem Meeresspiegel)	bālā-ye	بالای
auf (~ dem Tisch)	ruy	روی
aus (z.B. ~ München)	az	از
aus (z.B. ~ Porzellan)	az	از
in (~ zwei Tagen)	tā	تا
über (~ zaun)	az bālāye	از بالای

5. Funktionswörter. Adverbien. Teil 1

| Wo? | kojā? | کجا؟ |
| hier | in jā | این جا |

dort	ānjā	آنجا
irgendwo	jā-yi	جایی
nirgends	hič kojā	هیچ کجا

| an (bei) | nazdik | نزدیک |
| am Fenster | nazdik panjere | نزدیک پنجره |

Wohin?	kojā?	کجا؟
hierher	in jā	این جا
dahin	ānjā	آنجا
von hier	az injā	از اینجا
von da	az ānjā	از آنجا

| nah (Adv) | nazdik | نزدیک |
| weit, fern (Adv) | dur | دور |

in der Nähe von ...	nazdik	نزدیک
in der Nähe	nazdik	نزدیک
unweit (~ unseres Hotels)	nazdik	نزدیک

link (Adj)	čap	چپ
links (Adv)	dast-e čap	دست چپ
nach links	be čap	به چپ

recht (Adj)	rāst	راست
rechts (Adv)	dast-e rāst	دست راست
nach rechts	be rāst	به راست

vorne (Adv)	jelo	جلو
Vorder-	jelo	جلو
vorwärts	jelo	جلو

hinten (Adv)	aqab	عقب
von hinten	az aqab	از عقب
rückwärts (Adv)	aqab	عقب

| Mitte (f) | vasat | وسط |
| in der Mitte | dar vasat | در وسط |

seitlich (Adv)	pahlu	پهلو
überall (Adv)	hame jā	همه جا
ringsherum (Adv)	atrāf	اطراف

von innen (Adv)	az daxel	از داخل
irgendwohin (Adv)	jā yi	جایی
geradeaus (Adv)	mostaqim	مستقیم
zurück (Adv)	aqab	عقب

| irgendwoher (Adv) | az har jā | از هر جا |
| von irgendwo (Adv) | az yek jā-yi | از یک جایی |

erstens	avvalan	اولاً
zweitens	dumā	دوما
drittens	sālesan	ثالثاً
plötzlich (Adv)	nāgahān	ناگهان
zuerst (Adv)	dar avval	در اول

zum ersten Mal	barā-ye avvalin bār	بـرای اولیـن بـار
lange vor...	xeyli vaqt piš	خیلی وقـت پیـش
von Anfang an	az now	از نـو
für immer	barā-ye hamiše	بـرای همیشـه

nie (Adv)	hič vaqt	هیـچ وقـت
wieder (Adv)	dobāre	دوبـاره
jetzt (Adv)	alān	الان
oft (Adv)	aqlab	اغلـب
damals (Adv)	ān vaqt	آن وقـت
dringend (Adv)	foran	فـوراً
gewöhnlich (Adv)	ma'mulan	معمـولاً

übrigens, ...	rāst-i	راسـتی
möglicherweise (Adv)	momken ast	ممکـن اسـت
wahrscheinlich (Adv)	ehtemālan	احتمـالاً
vielleicht (Adv)	šāyad	شـاید
außerdem ...	bealāve	بعـلاوه
deshalb ...	be hamin xāter	به همیـن خاطـر
trotz ...	alāraqm	علیرغـم
dank ...	be lotf	بـه لطـف

was (~ ist denn?)	če?	چـه؟
das (~ ist alles)	ke	کـه
etwas	yek čiz-i	یـک چیـزی
irgendwas	yek kāri	یـک کاری
nichts	hič čiz	هیـچ چیـز

wer (~ ist ~?)	ki	کـی
jemand	yek kas-i	یـک کسـی
irgendwer	yek kas-i	یـک کسـی

niemand	hič kas	هیـچ کـس
nirgends	hič kojā	هیـچ کجـا
niemandes (~ Eigentum)	māl-e hičkas	مـال هیـچ کـس
jemandes	har kas-i	هـر کسـی

so (derart)	xeyli	خیلـی
auch	ham	هـم
ebenfalls	ham	هـم

6. Funktionswörter. Adverbien. Teil 2

Warum?	čerā?	چـرا؟
aus irgendeinem Grund	be dalil-i	بـه دلیلـی
weil ...	čon	چـون
zu irgendeinem Zweck	barā-ye maqsudi	بـرای مقصـودی

und	va	و
oder	yā	یـا
aber	ammā	امـا
für (präp)	barā-ye	بـرای
zu (~ viele)	besyār	بسـیار
nur (~ einmal)	faqat	فقـط

| genau (Adv) | daqiqan | دقيقا |
| etwa | taqriban | تقريباً |

ungefähr (Adv)	taqriban	تقريباً
ungefähr (Adj)	taqribi	تقريبى
fast	taqriban	تقريباً
Übrige (n)	baqiye	بقيه

der andere	digar	ديگر
andere	digar	ديگر
jeder (~ Mann)	har	هر
beliebig (Adj)	har	هر
viel	ziyād	زياد
viele Menschen	besyāri	بسيارى
alle (wir ~)	hame	همه

im Austausch gegen ...	dar avaz	در عوض
dafür (Adv)	dar barābar	در برابر
mit der Hand (Hand-)	dasti	دستى
schwerlich (Adv)	baid ast	بعيد است

wahrscheinlich (Adv)	ehtemālan	احتمالاً
absichtlich (Adv)	amdan	عمداً
zufällig (Adv)	tasādofi	تصادفى

sehr (Adv)	besyār	بسيار
zum Beispiel	masalan	مثلاً
zwischen	beyn	بين
unter (Wir sind ~ Mördern)	miyān	ميان
so viele (~ Ideen)	in qadr	اين قدر
besonders (Adv)	maxsusan	مخصوصاً

ZAHLEN. VERSCHIEDENES

7. Grundzahlen. Teil 1

null	sefr	صفر
eins	yek	یک
zwei	do	دو
drei	se	سه
vier	čāhār	چهار
fünf	panj	پنج
sechs	šeš	شش
sieben	haft	هفت
acht	hašt	هشت
neun	neh	نه
zehn	dah	ده
elf	yāzdah	یازده
zwölf	davāzdah	دوازده
dreizehn	sizdah	سیزده
vierzehn	čāhārdah	چهارده
fünfzehn	pānzdah	پانزده
sechzehn	šānzdah	شانزده
siebzehn	hefdah	هفده
achtzehn	hijdah	هیجده
neunzehn	nuzdah	نوزده
zwanzig	bist	بیست
einundzwanzig	bist-o yek	بیست ویک
zweiundzwanzig	bist-o do	بیست ودو
dreiundzwanzig	bist-o se	بیست وسه
dreißig	si	سی
einunddreißig	si-yo yek	سی ویک
zweiunddreißig	si-yo do	سی ودو
dreiunddreißig	si-yo se	سی وسه
vierzig	čehel	چهل
einundvierzig	čehel-o yek	چهل ویک
zweiundvierzig	čehel-o do	چهل ودو
dreiundvierzig	čehel-o se	چهل وسه
fünfzig	panjāh	پنجاه
einundfünfzig	panjāh-o yek	پنجاه ویک
zweiundfünfzig	panjāh-o do	پنجاه ودو
dreiundfünfzig	panjāh-o se	پنجاه وسه
sechzig	šast	شصت
einundsechzig	šast-o yek	شصت ویک

| zweiundsechzig | šast-o do | شصت ودو |
| dreiundsechzig | šast-o se | شصت وسه |

siebzig	haftād	هفتاد
einundsiebzig	haftād-o yek	هفتاد ویک
zweiundsiebzig	haftād-o do	هفتاد ودو
dreiundsiebzig	haftād-o se	هفتاد وسه

achtzig	haštād	هشتاد
einundachtzig	haštād-o yek	هشتاد ویک
zweiundachtzig	haštād-o do	هشتاد ودو
dreiundachtzig	haštād-o se	هشتاد وسه

neunzig	navad	نود
einundneunzig	navad-o yek	نود ویک
zweiundneunzig	navad-o do	نود ودو
dreiundneunzig	navad-o se	نود وسه

8. Grundzahlen. Teil 2

einhundert	sad	صد
zweihundert	devist	دویست
dreihundert	sisad	سیصد
vierhundert	čāhārsad	چهارصد
fünfhundert	pānsad	پانصد

sechshundert	šešsad	ششصد
siebenhundert	haftsad	هفتصد
achthundert	haštsad	هشتصد
neunhundert	nohsad	نهصد

eintausend	hezār	هزار
zweitausend	dohezār	دوهزار
dreitausend	se hezār	سه هزار
zehntausend	dah hezār	ده هزار
hunderttausend	sad hezār	صد هزار
Million (f)	milyun	میلیون
Milliarde (f)	milyārd	میلیارد

9. Ordnungszahlen

der erste	avvalin	اولین
der zweite	dovvomin	دومین
der dritte	sevvomin	سومین
der vierte	čāhāromin	چهارمین
der fünfte	panjomin	پنجمین

der sechste	šešomin	ششمین
der siebte	haftomin	هفتمین
der achte	haštomin	هشتمین
der neunte	nohomin	نهمین
der zehnte	dahomin	دهمین

FARBEN. MAßEINHEITEN

10. Farben

Farbe (f)	rang	رنگ
Schattierung (f)	teyf-e rang	طیف رنگ
Farbton (m)	rangmaye	رنگمایه
Regenbogen (m)	rangin kamān	رنگین کمان
weiß	sefid	سفید
schwarz	siyāh	سیاه
grau	xākestari	خاکستری
grün	sabz	سبز
gelb	zard	زرد
rot	sorx	سرخ
blau	abi	آبی
hellblau	ābi rowšan	آبی روشن
rosa	surati	صورتی
orange	nārenji	نارنجی
violett	banafš	بنفش
braun	qahve i	قهوه ای
golden	talāyi	طلایی
silbrig	noqre i	نقره ای
beige	baž	بژ
cremefarben	kerem	کرم
türkis	firuze i	فیروزه ای
kirschrot	ālbāluyi	آلبالویی
lila	banafš yasi	بنفش یاسی
himbeerrot	zereški	زرشکی
hell	rowšan	روشن
dunkel	tire	تیره
grell	rowšan	روشن
Farb- (z.B. -stifte)	rangi	رنگی
Farb- (z.B. -film)	rangi	رنگی
schwarz-weiß	siyāh-o sefid	سیاه و سفید
einfarbig	yek rang	یک رنگ
bunt	rangārang	رنگارنگ

11. Maßeinheiten

Gewicht (n)	vazn	وزن
Länge (f)	tul	طول

Breite (f)	arz	عرض
Höhe (f)	ertefā'	ارتفاع
Tiefe (f)	omq	عمق
Volumen (n)	hajm	حجم
Fläche (f)	masāhat	مساحت

Gramm (n)	garm	گرم
Milligramm (n)	mili geram	میلی گرم
Kilo (n)	kilugeram	کیلوگرم
Tonne (f)	ton	تن
Pfund (n)	pond	پوند
Unze (f)	ons	اونس

Meter (m)	metr	متر
Millimeter (m)	mili metr	میلی متر
Zentimeter (m)	sāntimetr	سانتیمتر
Kilometer (m)	kilumetr	کیلومتر
Meile (f)	māyel	مایل

Zoll (m)	inč	اینچ
Fuß (m)	fowt	فوت
Yard (n)	yārd	یارد

| Quadratmeter (m) | metr morabba' | متر مربع |
| Hektar (n) | hektār | هکتار |

Liter (m)	litr	لیتر
Grad (m)	daraje	درجه
Volt (n)	volt	ولت
Ampere (n)	āmper	آمپر
Pferdestärke (f)	asb-e boxār	اسب بخار

Anzahl (f)	meqdār	مقدار
etwas …	kami	کمی
Hälfte (f)	nim	نیم
Dutzend (n)	dojin	دوجین
Stück (n)	tā	تا

| Größe (f) | andāze | اندازه |
| Maßstab (m) | meqyās | مقیاس |

minimal (Adj)	haddeaqal	حداقل
der kleinste	kučaktarin	کوچکترین
mittler, mittel-	motevasset	متوسط
maximal (Adj)	haddeaksar	حداکثر
der größte	bištarin	بیشترین

12. Behälter

Glas (Einmachglas)	šišeh konserv	شیشه کنسرو
Dose (z.B. Bierdose)	quti	قوطی
Eimer (m)	satl	سطل
Fass (n), Tonne (f)	boške	بشکه
Waschschüssel (n)	tašt	تشت

Tank (m)	maxzan	مخزن
Flachmann (m)	qomqome	قمقمه
Kanister (m)	dabbe	دبه
Zisterne (f)	maxzan	مخزن

Kaffeebecher (m)	livān	لیوان
Tasse (f)	fenjān	فنجان
Untertasse (f)	na'lbeki	نعلبکی
Wasserglas (n)	estekān	استکان
Weinglas (n)	gilās-e šarāb	گیلاس شراب
Kochtopf (m)	qāblame	قابلمه

| Flasche (f) | botri | بطری |
| Flaschenhals (m) | gardan-e botri | گردن بطری |

Karaffe (f)	tong	تنگ
Tonkrug (m)	pārč	پارچ
Gefäß (n)	zarf	ظرف
Tontopf (m)	sofāl	سفال
Vase (f)	goldān	گلدان

Flakon (n)	botri	بطری
Fläschchen (n)	viyāl	ویال
Tube (z.B. Zahnpasta)	tiyub	تیوب

Sack (~ Kartoffeln)	kise	کیسه
Tüte (z.B. Plastiktüte)	pākat	پاکت
Schachtel (f) (z.B. Zigaretten~)	baste	بسته

Karton (z.B. Schuhkarton)	ja'be	جعبه
Kiste (z.B. Bananenkiste)	sanduq	صندوق
Korb (m)	sabad	سبد

DIE WICHTIGSTEN VERBEN

13. Die wichtigsten Verben. Teil 1

abbiegen (nach links ~)	pičidan	پیچیدن
abschicken (vt)	ferestādan	فرستادن
ändern (vt)	avaz kardan	عوض کردن
andeuten (vt)	sarnax dādan	سرنخ دادن
Angst haben	tarsidan	ترسیدن
ankommen (vi)	residan	رسیدن
antworten (vi)	javāb dādan	جواب دادن
arbeiten (vi)	kār kardan	کار کردن
auf ... zählen	hesāb kardan	حساب کردن
aufbewahren (vt)	hefz kardan	حفظ کردن
aufschreiben (vt)	neveštan	نوشتن
ausgehen (vi)	birun raftan	بیرون رفتن
aussprechen (vt)	talaffoz kardan	تلفظ کردن
bedauern (vt)	afsus xordan	افسوس خوردن
bedeuten (vt)	ma'ni dāštan	معنی داشتن
beenden (vt)	be pāyān resāndan	به پایان رساندن
befehlen (Milit.)	farmān dādan	فرمان دادن
befreien (Stadt usw.)	āzād kardan	آزاد کردن
beginnen (vt)	šoru' kardan	شروع کردن
bemerken (vt)	motevajjeh šodan	متوجه شدن
beobachten (vt)	mošāhede kardan	مشاهده کردن
berühren (vt)	lams kardan	لمس کردن
besitzen (vt)	sāheb budan	صاحب بودن
besprechen (vt)	bahs kardan	بحث کردن
bestehen auf	esrār kardan	اصرار کردن
bestellen (im Restaurant)	sefāreš dādan	سفارش دادن
bestrafen (vt)	tanbih kardan	تنبیه کردن
beten (vi)	do'ā kardan	دعا کردن
bitten (vt)	xāstan	خواستن
brechen (vt)	šekastan	شکستن
denken (vi, vt)	fekr kardan	فکر کردن
drohen (vi)	tahdid kardan	تهدید کردن
Durst haben	tešne budan	تشنه بودن
einladen (vt)	da'vat kardan	دعوت کردن
einstellen (vt)	bas kardan	بس کردن
einwenden (vt)	moxalefat kardan	مخالفت کردن
empfehlen (vt)	towsie kardan	توصیه کردن
erklären (vt)	touzih dādan	توضیح دادن
erlauben (vt)	ejāze dādan	اجازه دادن

ermorden (vt)	koštan	كشتن
erwähnen (vt)	zekr kardan	ذكر كردن
existieren (vi)	vojud dāštan	وجود داشتن

14. Die wichtigsten Verben. Teil 2

fallen (vi)	oftādan	افتادن
fallen lassen	andāxtan	انداختن
fangen (vt)	gereftan	گرفتن
finden (vt)	peydā kardan	پيدا كردن
fliegen (vi)	parvāz kardan	پرواز كردن

folgen (Folge mir!)	donbāl kardan	دنبال كردن
fortsetzen (vt)	edāme dādan	ادامه دادن
fragen (vt)	porsidan	پرسيدن
frühstücken (vi)	sobhāne xordan	صبحانه خوردن
geben (vt)	dādan	دادن

gefallen (vi)	dust dāštan	دوست داشتن
gehen (zu Fuß gehen)	raftan	رفتن
gehören (vi)	ta'alloq dāštan	تعلق داشتن
graben (vt)	kandan	كندن

haben (vt)	dāštan	داشتن
helfen (vi)	komak kardan	كمک كردن
herabsteigen (vi)	pāyin āmadan	پايين آمدن
hereinkommen (vi)	vāred šodan	وارد شدن

hoffen (vi)	omid dāštan	اميد داشتن
hören (vt)	šenidan	شنيدن
hungrig sein	gorosne budan	گرسنه بودن
informieren (vt)	āgah kardan	آگاه كردن
jagen (vi)	šekār kardan	شكار كردن

kennen (vt)	šenāxtan	شناختن
klagen (vi)	šekāyat kardan	شكايت كردن
können (v mod)	tavānestan	توانستن
kontrollieren (vt)	kontorol kardan	كنترل كردن
kosten (vt)	qeymat dāštan	قيمت داشتن

kränken (vt)	towhin kardan	توهين كردن
lächeln (vi)	labxand zadan	لبخند زدن
lachen (vi)	xandidan	خنديدن
laufen (vi)	davidan	دويدن
leiten (Betrieb usw.)	edāre kardan	اداره كردن

lernen (vt)	dars xāndan	درس خواندن
lesen (vi, vt)	xāndan	خواندن
lieben (vt)	dust dāštan	دوست داشتن
machen (vt)	anjām dādan	انجام دادن

mieten (Haus usw.)	ejāre kardan	اجاره كردن
nehmen (vt)	bardāštan	برداشتن
noch einmal sagen	tekrār kardan	تكرار كردن

| nötig sein | hāmi budan | حامی بودن |
| öffnen (vt) | bāz kardan | باز کردن |

15. Die wichtigsten Verben. Teil 3

planen (vt)	barnāmerizi kardan	برنامه ریزی کردن
prahlen (vi)	be rox kešidan	به رخ کشیدن
raten (vt)	nasihat kardan	نصیحت کردن
rechnen (vt)	šemordan	شمردن
reservieren (vt)	rezerv kardan	رزرو کردن

retten (vt)	najāt dādan	نجات دادن
richtig raten (vt)	hads zadan	حدس زدن
rufen (um Hilfe ~)	komak xāstan	کمک خواستن
sagen (vt)	goftan	گفتن
schaffen (Etwas Neues zu ~)	ijād kardan	ایجاد کردن

schelten (vt)	da'vā kardan	دعوا کردن
schießen (vi)	tirandāzi kardan	تیراندازی کردن
schmücken (vt)	tazyin kardan	تزیین کردن
schreiben (vi, vt)	neveštan	نوشتن
schreien (vi)	faryād zadan	فریاد زدن

schweigen (vi)	sāket māndan	ساکت ماندن
schwimmen (vi)	šenā kardan	شنا کردن
schwimmen gehen	ābtani kardan	آبتنی کردن
sehen (vi, vt)	didan	دیدن

sein (vi)	budan	بودن
sich beeilen	ajale kardan	عجله کردن
sich entschuldigen	ozr xāstan	عذر خواستن

sich interessieren	alāqe dāštan	علاقه داشتن
sich irren	eštebāh kardan	اشتباه کردن
sich setzen	nešastan	نشستن
sich weigern	rad kardan	رد کردن
spielen (vi, vt)	bāzi kardan	بازی کردن

sprechen (vi)	harf zadan	حرف زدن
staunen (vi)	mote'ajjeb šodan	متعجب شدن
stehlen (vt)	dozdidan	دزدیدن
stoppen (vt)	motevaghef šhodan	سارقف شدن
suchen (vt)	justuju kardan	جستجو کردن

16. Die wichtigsten Verben. Teil 4

täuschen (vt)	farib dādan	فریب دادن
teilnehmen (vi)	šerekat kardan	شرکت کردن
übersetzen (Buch usw.)	tarjome kardan	ترجمه کردن
unterschätzen (vt)	dast-e kam gereftan	دست کم گرفتن
unterschreiben (vt)	emzā kardan	امضا کردن
vereinigen (vt)	mottahed kardan	متحد کردن

vergessen (vt)	farāmuš kardan	فراموش کردن
vergleichen (vt)	moqāyse kardan	مقایسه کردن
verkaufen (vt)	foruxtan	فروختن
verlangen (vt)	darxāst kardan	درخواست کردن

versäumen (vt)	qāyeb budan	غایب بودن
versprechen (vt)	qowl dādan	قول دادن
verstecken (vt)	penhān kardan	پنهان کردن
verstehen (vt)	fahmidan	فهمیدن
versuchen (vt)	talāš kardan	تلاش کردن

verteidigen (vt)	defā' kardan	دفاع کردن
vertrauen (vi)	etminān kardan	اطمینان کردن
verwechseln (vt)	qāti kardan	قاطی کردن
verzeihen (vi, vt)	baxšidan	بخشیدن
verzeihen (vt)	baxšidan	بخشیدن
voraussehen (vt)	pišbini kardan	پیش بینی کردن

vorschlagen (vt)	pišnahād dādan	پیشنهاد دادن
vorziehen (vt)	tarjih dādan	ترجیح دادن
wählen (vt)	entexāb kardan	انتخاب کردن
warnen (vt)	hošdār dādan	هشدار دادن
warten (vi)	montazer budan	منتظر بودن
weinen (vi)	gerye kardan	گریه کردن

wissen (vt)	dānestan	دانستن
Witz machen	šuxi kardan	شوخی کردن
wollen (vt)	xāstan	خواستن
zahlen (vt)	pardāxtan	پرداختن
zeigen (jemandem etwas)	nešān dādan	نشان دادن

zu Abend essen	šām xordan	شام خوردن
zu Mittag essen	nāhār xordan	ناهار خوردن
zubereiten (vt)	poxtan	پختن
zustimmen (vi)	movāfeqat kardan	موافقت کردن
zweifeln (vi)	šok dāštan	شک داشتن

23

ZEIT. KALENDER

17. Wochentage

Montag (m)	došanbe	دوشنبه
Dienstag (m)	se šanbe	سه شنبه
Mittwoch (m)	čāhāršanbe	چهارشنبه
Donnerstag (m)	panj šanbe	پنج شنبه
Freitag (m)	jom'e	جمعه
Samstag (m)	šanbe	شنبه
Sonntag (m)	yek šanbe	یک شنبه

heute	emruz	امروز
morgen	fardā	فردا
übermorgen	pas fardā	پس فردا
gestern	diruz	دیروز
vorgestern	pariruz	پریروز

Tag (m)	ruz	روز
Arbeitstag (m)	ruz-e kāri	روز کاری
Feiertag (m)	ruz-e jašn	روز جشن
freier Tag (m)	ruz-e ta'til	روز تعطیل
Wochenende (n)	āxar-e hafte	آخر هفته

den ganzen Tag	tamām-e ruz	تمام روز
am nächsten Tag	ruz-e ba'd	روز بعد
zwei Tage vorher	do ruz-e piš	دو روز پیش
am Vortag	ruz-e qabl	روز قبل
täglich (Adj)	ruzāne	روزانه
täglich (Adv)	har ruz	هر روز

Woche (f)	hafte	هفته
letzte Woche	hafte-ye gozašte	هفته گذشته
nächste Woche	hafte-ye āyande	هفته آینده
wöchentlich (Adj)	haftegi	هفتگی
wöchentlich (Adv)	har hafte	هر هفته
zweimal pro Woche	do bār dar hafte	دو بار درهفته
jeden Dienstag	har sešanbe	هر سه شنبه

18. Stunden. Tag und Nacht

Morgen (m)	sobh	صبح
morgens	sobh	صبح
Mittag (m)	zohr	ظهر
nachmittags	ba'd az zohr	بعد ازظهر

Abend (m)	asr	عصر
abends	asr	عصر

Nacht (f)	šab	شب
nachts	šab	شب
Mitternacht (f)	nesfe šab	نصفه شب

Sekunde (f)	sānie	ثانیه
Minute (f)	daqiqe	دقیقه
Stunde (f)	sā'at	ساعت
eine halbe Stunde	nim sā'at	نیم ساعت
Viertelstunde (f)	yek rob'	یک ربع
fünfzehn Minuten	pānzdah daqiqe	پانزده دقیقه
Tag und Nacht	šabāne ruz	شبانه روز

Sonnenaufgang (m)	tolu-'e āftāb	طلوع آفتاب
Morgendämmerung (f)	sahar	سحر
früher Morgen (m)	sobh-e zud	صبح زود
Sonnenuntergang (m)	qorub	غروب

früh am Morgen	sobh-e zud	صبح زود
heute Morgen	emruz sobh	امروز صبح
morgen früh	fardā sobh	فردا صبح

heute Mittag	emruz zohr	امروز ظهر
nachmittags	ba'd az zohr	بعد ازظهر
morgen Nachmittag	fardā ba'd az zohr	فردا بعد ازظهر

heute Abend	emšab	امشب
morgen Abend	fardā šab	فردا شب

Punkt drei Uhr	sar-e sā'at-e se	سر ساعت ۳
gegen vier Uhr	nazdik-e sā'at-e čāhār	نزدیک ساعت ۴
um zwölf Uhr	nazdik zohr	نزدیک ظهر

in zwanzig Minuten	bist daqiqe-ye digar	۲۰ دقیقه دیگر
in einer Stunde	yek sā'at-e digar	یک ساعت دیگر
rechtzeitig (Adv)	be moqe'	به موقع

Viertel vor ...	yek rob' be	یک ربع به
innerhalb einer Stunde	yek sā'at-e digar	یک ساعت دیگر
alle fünfzehn Minuten	har pānzdah daqiqe	هر ۵۱ دقیقه
Tag und Nacht	šabāne ruz	شبانه روز

19. Monate. Jahreszeiten

Januar (m)	žānvie	ژانویه
Februar (m)	fevriye	فوریه
März (m)	mārs	مارس
April (m)	āvril	آوریل
Mai (m)	meh	مه
Juni (m)	žuan	ژوئن

Juli (m)	žuiye	ژوئیه
August (m)	owt	اوت
September (m)	septāmbr	سپتامبر
Oktober (m)	oktobr	اکتبر

November (m)	novāmbr	نوامبر
Dezember (m)	desāmr	دسامبر

Frühling (m)	bahār	بهار
im Frühling	dar bahār	در بهار
Frühlings-	bahāri	بهاری

Sommer (m)	tābestān	تابستان
im Sommer	dar tābestān	در تابستان
Sommer-	tābestāni	تابستانی

Herbst (m)	pāyiz	پاییز
im Herbst	dar pāyiz	در پاییز
Herbst-	pāyizi	پاییزی

Winter (m)	zemestān	زمستان
im Winter	dar zemestān	در زمستان
Winter-	zemestāni	زمستانی

Monat (m)	māh	ماه
in diesem Monat	in māh	این ماه
nächsten Monat	māh-e āyande	ماه آینده
letzten Monat	māh-e gozašte	ماه گذشته
vor einem Monat	yek māh qabl	یک ماه قبل
über eine Monat	yek māh digar	یک ماه دیگر
in zwei Monaten	do māh-e digar	۲ماه دیگر
den ganzen Monat	tamām-e māh	تمام ماه

monatlich (Adj)	māhāne	ماهانه
monatlich (Adv)	māhāne	ماهانه
jeden Monat	har māh	هر ماه
zweimal pro Monat	do bār dar māh	دو بار درماه

Jahr (n)	sāl	سال
dieses Jahr	emsāl	امسال
nächstes Jahr	sāl-e āyande	سال آینده
voriges Jahr	sāl-e gozašte	سال گذشته

vor einem Jahr	yek sāl qabl	یک سال قبل
in einem Jahr	yek sāl-e digar	یک سال دیگر
in zwei Jahren	do sāl-e digar	۲سال دیگر
das ganze Jahr	tamām-e sāl	تمام سال

jedes Jahr	har sāl	هر سال
jährlich (Adj)	sālāne	سالانه
jährlich (Adv)	sālāne	سالانه
viermal pro Jahr	čāhār bār dar sāl	چهار بار در سال

Datum (heutige ~)	tārix	تاریخ
Datum (Geburts-)	tārix	تاریخ
Kalender (m)	taqvim	تقویم

ein halbes Jahr	nim sāl	نیم سال
Halbjahr (n)	nim sāl	نیم سال
Saison (f)	fasl	فصل
Jahrhundert (n)	qarn	قرن

REISEN. HOTEL

20. Ausflug. Reisen

Tourismus (m)	gardešgari	گردشگری
Tourist (m)	turist	توریست
Reise (f)	mosāferat	مسافرت
Abenteuer (n)	mājarā	ماجرا
Fahrt (f)	safar	سفر
Urlaub (m)	moraxxasi	مرخصی
auf Urlaub sein	dar moraxassi budan	در مرخصی بودن
Erholung (f)	esterāhat	استراحت
Zug (m)	qatār	قطار
mit dem Zug	bā qatār	با قطار
Flugzeug (n)	havāpeymā	هواپیما
mit dem Flugzeug	bā havāpeymā	با هواپیما
mit dem Auto	bā otomobil	با اتومبیل
mit dem Schiff	dar kešti	با کشتی
Gepäck (n)	bār	بار
Koffer (m)	čamedān	چمدان
Gepäckwagen (m)	čarx-e hamle bar	چرخ حمل بار
Pass (m)	gozarnāme	گذرنامه
Visum (n)	ravādid	روادید
Fahrkarte (f)	belit	بلیط
Flugticket (n)	belit-e havāpeymā	بلیط هواپیما
Reiseführer (m)	ketāb-e rāhnamā	کتاب راهنما
Landkarte (f)	naqše	نقشه
Gegend (f)	mahal	محل
Ort (wunderbarer ~)	jā	جا
Exotika (pl)	qarāyeb	غرایب
exotisch	qarib	غریب
erstaunlich (Adj)	heyrat angiz	حیرت انگیز
Gruppe (f)	goruh	گروه
Ausflug (m)	gardeš	گردش
Reiseleiter (m)	rāhnamā-ye tur	راهنمای تور

21. Hotel

Hotel (n)	hotel	هتل
Motel (n)	motel	متل
drei Sterne	se setāre	سه ستاره

fünf Sterne	panj setāre	پنج ستاره
absteigen (vi)	māndan	ماندن
Hotelzimmer (n)	otāq	اتاق
Einzelzimmer (n)	otāq-e yeknafare	اتاق یک نفره
Zweibettzimmer (n)	otāq-e do nafare	اتاق دو نفره
reservieren (vt)	otāq rezerv kardan	اتاق رزرو کردن
Halbpension (f)	nim pānsiyon	نیم پانسیون
Vollpension (f)	pānsiyon	پانسیون
mit Bad	bā vān	با وان
mit Dusche	bā duš	با دوش
Satellitenfernsehen (n)	televiziyon-e māhvārei	تلویزیون ماهواره ای
Klimaanlage (f)	tahviye-ye matbu'	تهویه مطبوع
Handtuch (n)	howle	حوله
Schlüssel (m)	kelid	کلید
Verwalter (m)	edāre-ye konande	اداره کننده
Zimmermädchen (n)	mostaxdem	مستخدم
Träger (m)	bārbar	باربر
Portier (m)	darbān	دربان
Restaurant (n)	resturān	رستوران
Bar (f)	bār	بار
Frühstück (n)	sobhāne	صبحانه
Abendessen (n)	šām	شام
Buffet (n)	bufe	بوفه
Foyer (n)	lābi	لابی
Aufzug (m), Fahrstuhl (m)	āsānsor	آسانسور
BITTE NICHT STÖREN!	mozāhem našavid	مزاحم نشوید
RAUCHEN VERBOTEN!	sigār kešidan mamnu'	سیگار کشیدن ممنوع

22. Sehenswürdigkeiten

Denkmal (n)	mojassame	مجسمه
Festung (f)	qal'e	قلعه
Palast (m)	kāx	کاخ
Schloss (n)	qal'e	قلعه
Turm (m)	borj	برج
Mausoleum (n)	aramgah	آرامگاه
Architektur (f)	me'māri	معماری
mittelalterlich	qorun-e vasati	قرون وسطی
alt (antik)	qadimi	قدیمی
national	melli	ملی
berühmt	mašhur	مشهور
Tourist (m)	turist	توریست
Fremdenführer (m)	rāhnamā-ye tur	راهنمای تور
Ausflug (m)	gardeš	گردش
zeigen (vt)	nešān dādan	نشان دادن

erzählen (vt)	hekāyat kardan	حکایت کردن
finden (vt)	peydā kardan	پیدا کردن
sich verlieren	gom šodan	گم شدن
Karte (U-Bahn ~)	naqše	نقشه
Karte (Stadt-)	naqše	نقشه
Souvenir (n)	sowqāti	سوغاتی
Souvenirladen (m)	forušgāh-e sowqāti	فروشگاه سوغاتی
fotografieren (vt)	aks gereftan	عکس گرفتن
sich fotografieren	aks gereftan	عکس گرفتن

TRANSPORT

23. Flughafen

Flughafen (m)	forudgāh	فرودگاه
Flugzeug (n)	havāpeymā	هواپیما
Fluggesellschaft (f)	šerkat-e havāpeymāyi	شرکت هواپیمایی
Fluglotse (m)	ma'mur-e kontorol-e terāfik-e havāyi	مأمور کنترل ترافیک هوایی
Abflug (m)	azimat	عزیمت
Ankunft (f)	vorud	ورود
anfliegen (vi)	residan	رسیدن
Abflugzeit (f)	zamān-e parvāz	زمان پرواز
Ankunftszeit (f)	zamān-e vorud	زمان ورود
sich verspäten	ta'xir kardan	تأخیر کردن
Abflugverspätung (f)	ta'xir-e parvāz	تأخیر پرواز
Anzeigetafel (f)	tāblo-ye ettelā'āt	تابلوی اطلاعات
Information (f)	ettelā'āt	اطلاعات
ankündigen (vt)	e'lām kardan	اعلام کردن
Flug (m)	parvāz	پرواز
Zollamt (n)	gomrok	گمرک
Zollbeamter (m)	ma'mur-e gomrok	مأمور گمرک
Zolldeklaration (f)	ežhār-nāme	اظهارنامه
ausfüllen (vt)	por kardan	پر کردن
die Zollerklärung ausfüllen	ezhār-nāme rā por kardan	اظهارنامه را پر کردن
Passkontrolle (f)	kontorol-e gozarnāme	کنترل گذرنامه
Gepäck (n)	bār	بار
Handgepäck (n)	bār-e dasti	بار دستی
Kofferkuli (m)	čarx-e hamle bar	چرخ حمل بار
Landung (f)	forud	فرود
Landebahn (f)	bānd-e forudgāh	باند فرودگاه
landen (vi)	nešastan	نشستن
Fluggasttreppe (f)	pellekān	پلکان
Check-in (n)	ček in	چک این
Check-in-Schalter (m)	bāje-ye kontorol	باجه کنترل
sich registrieren lassen	čekin kardan	چکاین کردن
Bordkarte (f)	kārt-e parvāz	کارت پرواز
Abfluggate (n)	gi-yat xoruj	گیت خروج
Transit (m)	terānzit	ترانزیت
warten (vi)	montazer budan	منتظر بودن

30

Wartesaal (m)	tālār-e entezār	تالار انتظار
begleiten (vt)	badraqe kardan	بدرقه کردن
sich verabschieden	xodāhāfezi kardan	خداحافظی کردن

24. Flugzeug

Flugzeug (n)	havāpeymā	هواپیما
Flugticket (n)	belit-e havāpeymā	بلیط هواپیما
Fluggesellschaft (f)	šerkat-e havāpeymāyi	شرکت هواپیمایی
Flughafen (m)	forudgāh	فرودگاه
Überschall-	māvarā sowt	ماوراء صوت

Flugkapitän (m)	kāpitān	کاپیتان
Besatzung (f)	xadame	خدمه
Pilot (m)	xalabān	خلبان
Flugbegleiterin (f)	mehmāndār-e havāpeymā	مهماندار هواپیما
Steuermann (m)	nāvbar	ناویر

Flügel (pl)	bāl-hā	بال ها
Schwanz (m)	dam	دم
Kabine (f)	kābin	کابین
Motor (m)	motor	موتور

| Fahrgestell (n) | šāssi | شاسی |
| Turbine (f) | turbin | توربین |

| Propeller (m) | parvāne | پروانه |
| Flugschreiber (m) | ja'be-ye siyāh | جعبه سیاه |

| Steuerrad (n) | farmān | فرمان |
| Treibstoff (m) | suxt | سوخت |

Sicherheitskarte (f)	dasturol'amal	دستورالعمل
Sauerstoffmaske (f)	māsk-e oksižen	ماسک اکسیژن
Uniform (f)	oniform	اونیفورم

| Rettungsweste (f) | jeliqe-ye nejāt | جلیقۀ نجات |
| Fallschirm (m) | čatr-e nejāt | چترنجات |

Abflug, Start (m)	parvāz	پرواز
starten (vi)	parvāz kardan	پرواز کردن
Startbahn (f)	bānd-e forudgāh	باند فرودگاه

| Sicht (f) | meydān did | میدان دید |
| Flug (m) | parvāz | پرواز |

| Höhe (f) | ertefā' | ارتفاع |
| Luftloch (n) | čāle-ye havāyi | چاله هوایی |

Platz (m)	jā	جا
Kopfhörer (m)	guši	گوشی
Klapptisch (m)	sini-ye tāšow	سینی تاشو
Bullauge (n)	panjere	پنجره
Durchgang (m)	rāhrow	راهرو

25. Zug

Zug (m)	qatār	قطار
elektrischer Zug (m)	qatār-e barqi	قطار برقی
Schnellzug (m)	qatār-e sari'osseyr	قطارسریع السیر
Diesellok (f)	lokomotiv-e dizel	لوکوموتیو دیزل
Dampflok (f)	lokomotiv-e boxar	لوکوموتیو بخار

Personenwagen (m)	vāgon	واگن
Speisewagen (m)	vāgon-e resturān	واگن رستوران

Schienen (pl)	reyl-hā	ریل ها
Eisenbahn (f)	rāh āhan	راه آهن
Bahnschwelle (f)	reyl-e band	ریل بند

Bahnsteig (m)	sakku-ye rāh-āhan	سکوی راه آهن
Gleis (n)	masir	مسیر
Eisenbahnsignal (n)	nešanar	نشانبر
Station (f)	istgāh	ایستگاه

Lokomotivführer (m)	rānande	راننده
Träger (m)	bārbar	باربر
Schaffner (m)	rāhnamā-ye qatār	راهنمای قطار
Fahrgast (m)	mosāfer	مسافر
Fahrkartenkontrolleur (m)	kontorol či	کنترل چی

Flur (m)	rāhrow	راهرو
Notbremse (f)	tormoz-e ezterāri	ترمز اضطراری

Abteil (n)	kupe	کوپه
Liegeplatz (m), Schlafkoje (f)	taxt-e kupe	تخت کوپه
oberer Liegeplatz (m)	taxt-e bālā	تخت بالا
unterer Liegeplatz (m)	taxt-e pāyin	تخت پایین
Bettwäsche (f)	raxt-e xāb	رخت خواب

Fahrkarte (f)	belit	بلیط
Fahrplan (m)	barnāme	برنامه
Anzeigetafel (f)	barnāme-ye zamāni	برنامه زمانی

abfahren (der Zug)	tark kardan	ترک کردن
Abfahrt (f)	harekat	حرکت
ankommen (der Zug)	residan	رسیدن
Ankunft (f)	vorud	ورود

mit dem Zug kommen	bā qatār āmadan	با قطار آمدن
in den Zug einsteigen	savār-e qatār šodan	سوار قطار شدن
aus dem Zug aussteigen	az qatār piyāde šodan	از قطار پیاده شدن

Zugunglück (n)	sānehe	سانحه
entgleisen (vi)	az xat xārej šodan	از خط خارج شدن

Dampflok (f)	lokomotiv-e boxar	لوکوموتیو بخار
Heizer (m)	ātaškār	آتشکار
Feuerbüchse (f)	ātašdān	آتشدان
Kohle (f)	zoqāl sang	زغال سنگ

26. Schiff

Schiff (n)	kešti	كشتى
Fahrzeug (n)	kešti	كشتى
Dampfer (m)	kešti-ye boxāri	كشتى بخارى
Motorschiff (n)	qāyeq-e rudxāne	قايق رودخانه
Kreuzfahrtschiff (n)	kešti-ye tafrihi	كشتى تفريحى
Kreuzer (m)	razm nāv	رزم ناو
Jacht (f)	qāyeq-e tafrihi	قايق تفريحى
Schlepper (m)	yadak keš	يدك كش
Lastkahn (m)	kešti-ye bārkeše yadaki	كشتى باركش يدكى
Fähre (f)	kešti-ye farābar	كشتى فرابر
Segelschiff (n)	kešti-ye bādbāni	كشتى بادبانى
Brigantine (f)	košti dozdān daryā-yi	كشتى دزدان دريايى
Eisbrecher (m)	kešti-ye yaxšekan	كشتى يخ شكن
U-Boot (n)	zirdaryāyi	زيردريايى
Boot (n)	qāyeq	قايق
Dingi (n), Beiboot (n)	qāyeq-e tafrihi	قايق تفريحى
Rettungsboot (n)	qāyeq-e nejāt	قايق نجات
Motorboot (n)	qāyeq-e motori	قايق موتورى
Kapitän (m)	kāpitān	كاپيتان
Matrose (m)	malavān	ملوان
Seemann (m)	malavān	ملوان
Besatzung (f)	xadame	خدمه
Bootsmann (m)	sar malavān	سر ملوان
Schiffsjunge (m)	šāgerd-e malavān	شاگرد ملوان
Schiffskoch (m)	āšpaz-e kešti	آشپز كشتى
Schiffsarzt (m)	pezešk-e kešti	پزشك كشتى
Deck (n)	arše-ye kešti	عرشۀ كشتى
Mast (m)	dakal	دكل
Segel (n)	bādbān	بادبان
Schiffsraum (m)	anbār	انبار
Bug (m)	sine-ye kešti	سينه كشتى
Heck (n)	aqab kešti	عقب كشتى
Ruder (n)	pāru	پارو
Schraube (f)	parvāne	پروانه
Kajüte (f)	otāq-e kešti	اتاق كشتى
Messe (f)	otāq-e afsarān	اتاق افسران
Maschinenraum (m)	motor xāne	موتور خانه
Kommandobrücke (f)	pol-e farmāndehi	پل فرماندهى
Funkraum (m)	kābin-e bisim	كابين بى سيم
Radiowelle (f)	mowj	موج
Schiffstagebuch (n)	roxdād nāme	رخداد نامه
Fernrohr (n)	teleskop	تلسكوپ
Glocke (f)	nāqus	ناقوس

33

Fahne (f)	parčam	پرچم
Seil (n)	tanāb	طناب
Knoten (m)	gereh	گره

| Geländer (n) | narde | نرده |
| Treppe (f) | pol | پل |

Anker (m)	langar	لنگر
den Anker lichten	langar kešidan	لنگر کشیدن
Anker werfen	langar andāxtan	لنگر انداختن
Ankerkette (f)	zanjir-e langar	زنجیر لنگر

Hafen (m)	bandar	بندر
Anlegestelle (f)	eskele	اسکله
anlegen (vi)	pahlu gereftan	پهلو گرفتن
abstoßen (vt)	tark kardan	ترک کردن

Reise (f)	mosāferat	مسافرت
Kreuzfahrt (f)	safar-e daryāyi	سفر دریایی
Kurs (m), Richtung (f)	masir	مسیر
Reiseroute (f)	masir	مسیر

Fahrwasser (n)	kešti-ye ru	کشتی رو
Untiefe (f)	mahall-e kam omq	محل کم عمق
stranden (vi)	be gel nešastan	به گل نشستن

Sturm (m)	tufān	طوفان
Signal (n)	alāmat	علامت
untergehen (vi)	qarq šodan	غرق شدن
Mann über Bord!	kas-i dar hāl-e qarq šodan-ast!	کسی در حال غرق شدن است!
SOS	sos	SOS
Rettungsring (m)	kamarband-e nejāt	کمربند نجات

STADT

27. Innerstädtischer Transport

Bus (m)	otobus	اتوبوس
Straßenbahn (f)	terāmvā	تراموا
Obus (m)	otobus-e barqi	اتوبوس برقی
Linie (f)	xat	خط
Nummer (f)	šomāre	شماره

mit ... fahren	raftan bā	رفتن با
einsteigen (vi)	savār šodan	سوار شدن
aussteigen (aus dem Bus)	piyāde šodan	پیاده شدن

Haltestelle (f)	istgāh-e otobus	ایستگاه اتوبوس
nächste Haltestelle (f)	istgāh-e ba'di	ایستگاه بعدی
Endhaltestelle (f)	istgāh-e āxar	ایستگاه آخر
Fahrplan (m)	barnāme	برنامه
warten (vi, vt)	montazer budan	منتظر بودن

Fahrkarte (f)	belit	بلیط
Fahrpreis (m)	qeymat-e belit	قیمت بلیت

Kassierer (m)	sanduqdār	صندوقدار
Fahrkartenkontrolle (f)	kontorol-e belit	کنترل بلیط
Fahrkartenkontrolleur (m)	kontorol či	کنترل چی

sich verspäten	ta'xir dāštan	تأخیرداشتن
versäumen (Zug usw.)	az dast dādan	از دست دادن
sich beeilen	ajale kardan	عجله کردن

Taxi (n)	tāksi	تاکسی
Taxifahrer (m)	rānande-ye tāksi	راننده تاکسی
mit dem Taxi	bā tāksi	با تاکسی
Taxistand (m)	istgāh-e tāksi	ایستگاه تاکسی
ein Taxi rufen	tāksi gereftan	تاکسی گرفتن
ein Taxi nehmen	tāksi gereftan	تاکسی گرفتن

Straßenverkehr (m)	obur-o morur	عبور و مرور
Stau (m)	terāfik	ترافیک
Hauptverkehrszeit (f)	sā'at-e šoluqi	ساعت شلوغی
parken (vi)	pārk kardan	پارک کردن
parken (vt)	pārk kardan	پارک کردن
Parkplatz (m)	pārking	پارکینگ

U-Bahn (f)	metro	مترو
Station (f)	istgāh	ایستگاه
mit der U-Bahn fahren	bā metro raftan	با مترو رفتن
Zug (m)	qatār	قطار
Bahnhof (m)	istgāh-e rāh-e āhan	ایستگاه راه آهن

28. Stadt. Leben in der Stadt

Stadt (f)	šahr	شهر
Hauptstadt (f)	pāytaxt	پایتخت
Dorf (n)	rustā	روستا
Stadtplan (m)	naqše-ye šahr	نقشهٔ شهر
Stadtzentrum (n)	markaz-e šahr	مرکز شهر
Vorort (m)	hume-ye šahr	حومهٔ شهر
Vorort-	hume-ye šahr	حومهٔ شهر
Stadtrand (m)	hume	حومه
Umgebung (f)	hume	حومه
Stadtviertel (n)	mahalle	محله
Wohnblock (m)	mahalle-ye maskuni	محلهٔ مسکونی
Straßenverkehr (m)	obur-o morur	عبور و مرور
Ampel (f)	čerāq-e rāhnamā	چراغ راهنما
Stadtverkehr (m)	haml-o naql-e šahri	حمل و نقل شهری
Straßenkreuzung (f)	čahārrāh	چهارراه
Übergang (m)	xatt-e āber-e piyāde	خط عابرپیاده
Fußgängerunterführung (f)	zir-e gozar	زیر گذر
überqueren (vt)	obur kardan	عبور کردن
Fußgänger (m)	piyāde	پیاده
Gehweg (m)	piyāde row	پیاده رو
Brücke (f)	pol	پل
Kai (m)	xiyābān-e sāheli	خیابان ساحلی
Springbrunnen (m)	češme	چشمه
Allee (f)	bāq rāh	باغ راه
Park (m)	pārk	پارک
Boulevard (m)	bolvār	بولوار
Platz (m)	meydān	میدان
Avenue (f)	xiyābān	خیابان
Straße (f)	xiyābān	خیابان
Gasse (f)	kuče	کوچه
Sackgasse (f)	bon bast	بن بست
Haus (n)	xāne	خانه
Gebäude (n)	sāxtemān	ساختمان
Wolkenkratzer (m)	āsemānxarāš	آسمانخراش
Fassade (f)	namā	نما
Dach (n)	bām	بام
Fenster (n)	panjere	پنجره
Bogen (m)	tāq-e qowsi	طاق قوسی
Säule (f)	sotun	ستون
Ecke (f)	nabš	نبش
Schaufenster (n)	vitrin	ویترین
Firmenschild (n)	tāblo	تابلو
Anschlag (m)	poster	پوستر
Werbeposter (m)	poster-e tabliqāti	پوستر تبلیغاتی

Werbeschild (n)	bilbord	بیلبورد
Müll (m)	āšqāl	آشغال
Mülleimer (m)	satl-e āšqāl	سطل آشغال
Abfall wegwerfen	kasif kardan	کثیف کردن
Mülldeponie (f)	jā-ye dafn-e āšqāl	جای دفن آشغال

Telefonzelle (f)	kābin-e telefon	کابین تلفن
Straßenlaterne (f)	tir-e barq	تیر برق
Bank (Park-)	nimkat	نیمکت

Polizist (m)	polis	پلیس
Polizei (f)	polis	پلیس
Bettler (m)	gedā	گدا
Obdachlose (m)	bi xānomān	بی خانمان

29. Innerstädtische Einrichtungen

Laden (m)	maqāze	مغازه
Apotheke (f)	dāruxāne	داروخانه
Optik (f)	eynak foruši	عینک فروشی
Einkaufszentrum (n)	markaz-e tejāri	مرکز تجاری
Supermarkt (m)	supermārket	سوپرمارکت

Bäckerei (f)	nānvāyi	نانوایی
Bäcker (m)	nānvā	نانوا
Konditorei (f)	qannādi	قنادی
Lebensmittelladen (m)	baqqāli	بقالی
Metzgerei (f)	gušt foruši	گوشت فروشی

Gemüseladen (m)	sabzi foruši	سبزی فروشی
Markt (m)	bāzār	بازار

Kaffeehaus (n)	kāfe	کافه
Restaurant (n)	resturān	رستوران
Bierstube (f)	bār	بار
Pizzeria (f)	pitzā-foruši	پیتزا فروشی

Friseursalon (m)	ārāyešgāh	آرایشگاه
Post (f)	post	پست
chemische Reinigung (f)	xošk-šuyi	خشک‌شویی
Fotostudio (n)	ātolye-ye akkāsi	آتلیۀ عکاسی

Schuhgeschäft (n)	kafš foruši	کفش فروشی
Buchhandlung (f)	ketāb-foruši	کتاب فروشی
Sportgeschäft (n)	maqāze-ye varzeši	مغازۀ ورزشی

Kleiderreparatur (f)	ta'mir-e lebās	تعمیر لباس
Bekleidungsverleih (m)	kerāye-ye lebās	کرایۀ لباس
Videothek (f)	kerāye-ye film	کرایۀ فیلم

Zirkus (m)	sirak	سیرک
Zoo (m)	bāq-e vahš	باغ وحش
Kino (n)	sinamā	سینما
Museum (n)	muze	موزه

Bibliothek (f)	ketābxāne	کتابخانه
Theater (n)	teātr	تئاتر
Opernhaus (n)	operā	اپرا
Nachtklub (m)	kābāre	کاباره
Kasino (n)	kāzino	کازینو

Moschee (f)	masjed	مسجد
Synagoge (f)	kenešt	کنشت
Kathedrale (f)	kelisā-ye jāme'	کلیسای جامع
Tempel (m)	ma'bad	معبد
Kirche (f)	kelisā	کلیسا

Institut (n)	anistito	انستیتو
Universität (f)	dānešgāh	دانشگاه
Schule (f)	madrese	مدرسه

Präfektur (f)	ostāndāri	استانداری
Rathaus (n)	šahrdāri	شهرداری
Hotel (n)	hotel	هتل
Bank (f)	bānk	بانک

Botschaft (f)	sefārat	سفارت
Reisebüro (n)	āžāns-e jahāngardi	آژانس جهانگردی
Informationsbüro (n)	daftar-e ettelāāt	دفتر اطلاعات
Wechselstube (f)	sarrāfi	صرافی

U-Bahn (f)	metro	مترو
Krankenhaus (n)	bimārestān	بیمارستان

Tankstelle (f)	pomp-e benzin	پمپ بنزین
Parkplatz (m)	pārking	پارکینگ

30. Schilder

Firmenschild (n)	tāblo	تابلو
Aufschrift (f)	nevešte	نوشته
Plakat (n)	poster	پوستر
Wegweiser (m)	rāhnamā	راهنما
Pfeil (m)	alāmat	علامت

Vorsicht (f)	ehtiyāt	احتیاط
Warnung (f)	alāmat-e hošdār	علامت هشدار
warnen (v)	hošdār dādan	هشدار دادن

freier Tag (m)	ruz-e ta'til	روز تعطیل
Fahrplan (m)	jadval	جدول
Öffnungszeiten (pl)	sā'athā-ye kāri	ساعت های کاری

HERZLICH WILLKOMMEN!	xoš āmadid	خوش آمدید
EINGANG	vorud	ورود
AUSGANG	xoruj	خروج

DRÜCKEN	hel dādan	هل دادن
ZIEHEN	bekešid	بکشید

| GEÖFFNET | bāz | باز |
| GESCHLOSSEN | baste | بسته |

| DAMEN, FRAUEN | zanāne | زنانه |
| HERREN, MÄNNER | mardāne | مردانه |

AUSVERKAUF	taxfif	تخفیف
REDUZIERT	harāj	حراج
NEU!	jadid	جدید
GRATIS	majjāni	مجانی

ACHTUNG!	tavajjoh	توجه
ZIMMER BELEGT	otāq-e xāli nadārim	اتاق خالی نداریم
RESERVIERT	rezerv šode	رزرو شده

| VERWALTUNG | edāre | اداره |
| NUR FÜR PERSONAL | xāse personel | خاص پرسنل |

VORSICHT BISSIGER HUND	movāzeb-e sag bāšid	مواظب سگ باشید
RAUCHEN VERBOTEN!	sigār kešidan mamnu'	سیگار کشیدن ممنوع
BITTE NICHT BERÜHREN	dast nazanid	دست نزنید

GEFÄHRLICH	xatarnāk	خطرناک
VORSICHT!	xatar	خطر
HOCHSPANNUNG	voltāj bālā	ولتاژ بالا
BADEN VERBOTEN	šenā mamnu'	شنا ممنوع
AUßER BETRIEB	xārāb	خراب

LEICHTENTZÜNDLICH	qābel-e ehterāq	قابل احتراق
VERBOTEN	mamnu'	ممنوع
DURCHGANG VERBOTEN	obur mamnu'	عبور ممنوع
FRISCH GESTRICHEN	rang-e xis	رنگ خیس

31. Shopping

kaufen (vt)	xarid kardan	خرید کردن
Einkauf (m)	xarid	خرید
einkaufen gehen	xarid kardan	خرید کردن
Einkaufen (n)	xarid	خرید

| offen sein (Laden) | bāz budan | باز بودن |
| zu sein | baste budan | بسته بودن |

Schuhe (pl)	kafš	کفش
Kleidung (f)	lebās	لباس
Kosmetik (f)	lavāzem-e ārāyeši	لوازم آرایشی
Lebensmittel (pl)	mavādd-e qazāyi	مواد غذایی
Geschenk (n)	hedye	هدیه

Verkäufer (m)	forušande	فروشنده
Verkäuferin (f)	forušande-ye zan	فروشنده زن
Kasse (f)	sanduq	صندوق
Spiegel (m)	āyene	آینه

| Ladentisch (m) | pišxān | پیشخوان |
| Umkleidekabine (f) | otāq porov | اتاق پرو |

anprobieren (vt)	emtehān kardan	امتحان کردن
passen (Schuhe, Kleid)	monāseb budan	مناسب بودن
gefallen (vi)	dust dāštan	دوست داشتن

Preis (m)	qeymat	قیمت
Preisschild (n)	barčasb-e qeymat	برچسب قیمت
kosten (vt)	qeymat dāštan	قیمت داشتن
Wie viel?	čeqadr?	چقدر؟
Rabatt (m)	taxfif	تخفیف

preiswert	arzān	ارزان
billig	arzān	ارزان
teuer	gerān	گران
Das ist teuer	gerān ast	گران است

Verleih (m)	kerāye	کرایه
leihen, mieten (ein Auto usw.)	kerāye kardan	کرایه کردن
Kredit (m), Darlehen (n)	vām	وام
auf Kredit	xarid-e e'tebāri	خرید اعتباری

KLEIDUNG & ACCESSOIRES

32. Oberbekleidung. Mäntel

Kleidung (f)	lebās	لباس
Oberkleidung (f)	lebās-e ru	لباس رو
Winterkleidung (f)	lebās-e zemestāni	لباس زمستانی
Mantel (m)	pāltow	پالتو
Pelzmantel (m)	pālto-ye pustin	پالتوی پوستین
Pelzjacke (f)	kot-e pustin	کت پوستین
Daunenjacke (f)	kāpšan	کاپشن
Jacke (z.B. Lederjacke)	kot	کت
Regenmantel (m)	bārāni	بارانی
wasserdicht	zed-e āb	ضد آب

33. Herren- & Damenbekleidung

Hemd (n)	pirāhan	پیراهن
Hose (f)	šalvār	شلوار
Jeans (pl)	jin	جین
Jackett (n)	kot	کت
Anzug (m)	kat-o šalvār	کت و شلوار
Damenkleid (n)	lebās	لباس
Rock (m)	dāman	دامن
Bluse (f)	boluz	بلوز
Strickjacke (f)	jeliqe-ye kešbāf	جلیقه کشباف
Jacke (Damen Kostüm)	kot	کت
T-Shirt (n)	tey šarr-at	تی شرت
Shorts (pl)	šalvarak	شلوارک
Sportanzug (m)	lebās-e varzeši	لباس ورزشی
Bademantel (m)	howle-ye hamām	حوله حمام
Schlafanzug (m)	pižāme	پیژامه
Sweater (m)	poliver	پلیور
Pullover (m)	poliver	پلیور
Weste (f)	jeliqe	جلیقه
Frack (m)	kat-e dāman gerd	کت دامن گرد
Smoking (m)	esmoking	اسموکینگ
Uniform (f)	oniform	اونیفورم
Arbeitskleidung (f)	lebās-e kār	لباس کار
Overall (m)	rupuš	روپوش
Kittel (z.B. Arztkittel)	rupuš	روپوش

34. Kleidung. Unterwäsche

Unterwäsche (f)	lebās-e zir	لباس زیر
Herrenslip (m)	šort-e bākser	شورت باکسر
Damenslip (m)	šort-e zanāne	شورت زنانه
Unterhemd (n)	zir-e pirāhan-i	زیر پیراهنی
Socken (pl)	jurāb	جوراب
Nachthemd (n)	lebās-e xāb	لباس خواب
Büstenhalter (m)	sine-ye band	سینه بند
Kniestrümpfe (pl)	sāq	ساق
Strumpfhose (f)	jurāb-e šalvāri	جوراب شلواری
Strümpfe (pl)	jurāb-e sāqeboland	جوراب ساقه بلند
Badeanzug (m)	māyo	مایو

35. Kopfbekleidung

Mütze (f)	kolāh	کلاه
Filzhut (m)	šāpo	شاپو
Baseballkappe (f)	kolāh beysbāl	کلاه بیس بال
Schiebermütze (f)	kolāh-e taxt	کلاه تخت
Baskenmütze (f)	kolāh barre	کلاه بره
Kapuze (f)	kolāh-e bārāni	کلاه بارانی
Panamahut (m)	kolāh-e dowre-ye boland	کلاه دوره بلند
Strickmütze (f)	kolāh-e bāftani	کلاه بافتنی
Kopftuch (n)	rusari	روسری
Damenhut (m)	kolāh-e zanāne	کلاه زنانه
Schutzhelm (m)	kolāh-e imeni	کلاه ایمنی
Feldmütze (f)	kolāh-e pādegān	کلاه پادگان
Helm (z.B. Motorradhelm)	kolāh-e imeni	کلاه ایمنی
Melone (f)	kolāh-e namadi	کلاه نمدی
Zylinder (m)	kolāh-e ostovānei	کلاه استوانه ای

36. Schuhwerk

Schuhe (pl)	kafš	کفش
Stiefeletten (pl)	putin	پوتین
Halbschuhe (pl)	kafš	کفش
Stiefel (pl)	čakme	چکمه
Hausschuhe (pl)	dampāyi	دمپایی
Tennisschuhe (pl)	kafš katān-i	کفش کتانی
Leinenschuhe (pl)	kafš katān-i	کفش کتانی
Sandalen (pl)	sandal	صندل
Schuster (m)	kaffāš	کفاش
Absatz (m)	pāšne-ye kafš	پاشنه کفش

Paar (n)	yek joft	یک جفت
Schnürsenkel (m)	band-e kafš	بند کفش
schnüren (vt)	band-e kafš bastan	بند کفش بستن
Schuhlöffel (m)	pāšne keš	پاشنه کش
Schuhcreme (f)	vāks	واکس

37. Persönliche Accessoires

Handschuhe (pl)	dastkeš	دستکش
Fausthandschuhe (pl)	dastkeš-e yek angošti	دستکش یک انگشتی
Schal (Kaschmir-)	šāl-e gardan	شال گردن

Brille (f)	eynak	عینک
Brillengestell (n)	qāb	قاب
Regenschirm (m)	čatr	چتر
Spazierstock (m)	asā	عصا
Haarbürste (f)	bores-e mu	برس مو
Fächer (m)	bādbezan	بادبزن

Krawatte (f)	kerāvāt	کراوات
Fliege (f)	pāpiyon	پاپیون
Hosenträger (pl)	band šalvār	بند شلوار
Taschentuch (n)	dastmāl	دستمال

Kamm (m)	šāne	شانه
Haarspange (f)	sanjāq-e mu	سنجاق مو
Haarnadel (f)	sanjāq-e mu	سنجاق مو
Schnalle (f)	sagak	سگک

Gürtel (m)	kamarband	کمربند
Umhängegurt (m)	tasme	تسمه

Tasche (f)	keyf	کیف
Handtasche (f)	keyf-e zanāne	کیف زنانه
Rucksack (m)	kule pošti	کوله پشتی

38. Kleidung. Verschiedenes

Mode (f)	mod	مد
modisch	mod	مد
Modedesigner (m)	tarrāh-e lebas	طراح لباس

Kragen (m)	yaqe	یقه
Tasche (f)	jib	جیب
Taschen-	jibi	جیبی
Ärmel (m)	āstin	آستین
Aufhänger (m)	band-e āviz	بند آویز
Hosenschlitz (m)	zip	زیپ

Reißverschluss (m)	zip	زیپ
Verschluss (m)	sagak	سگک
Knopf (m)	dokme	دکمه

| Knopfloch (n) | surãx-e dokme | سوراخ دكمه |
| abgehen (Knopf usw.) | kande šodan | كنده شدن |

nähen (vi, vt)	duxtan	دوختن
sticken (vt)	golduzi kardan	گلدوزی كردن
Stickerei (f)	golduzi	گلدوزی
Nadel (f)	suzan	سوزن
Faden (m)	nax	نخ
Naht (f)	darz	درز

sich beschmutzen	kasif šodan	كثيف شدن
Fleck (m)	lakke	لكه
sich knittern	čoruk šodan	چروک شدن
zerreißen (vt)	pãre kardan	پاره كردن
Motte (f)	šab parre	شب پره

39. Kosmetikartikel. Kosmetik

Zahnpasta (f)	xamir-e dandãn	خمير دندان
Zahnbürste (f)	mesvãk	مسواک
Zähne putzen	mesvãk zadan	مسواک زدن

Rasierer (m)	tiq	تيغ
Rasiercreme (f)	kerem-e riš tarãši	كرم ريش تراشی
sich rasieren	riš tarãšidan	ريش تراشيدن

| Seife (f) | sãbun | صابون |
| Shampoo (n) | šãmpu | شامپو |

Schere (f)	qeyči	قيچی
Nagelfeile (f)	sohan-e nãxon	سوهان ناخن
Nagelzange (f)	nãxon gir	ناخن گير
Pinzette (f)	mučin	موچين

Kosmetik (f)	lavãzem-e ãrãyeši	لوازم آرايشی
Gesichtsmaske (f)	mãsk	ماسک
Maniküre (f)	mãnikur	مانيكور
Maniküre machen	mãnikur kardan	مانيكور كردن
Pediküre (f)	pedikur	پديكور

Kosmetiktasche (f)	kife lavãzem-e ãrãyeši	كيف لوازم آرايشی
Puder (m)	pudr	پودر
Puderdose (f)	jã be-ye pudr	جعبۀ پودر
Rouge (n)	sorxãb	سرخاب

Parfüm (n)	atr	عطر
Duftwasser (n)	atr	عطر
Lotion (f)	losiyon	لوسيون
Kölnischwasser (n)	odkolon	اودكلن

Lidschatten (m)	sãye-ye češm	سايه چشم
Kajalstift (m)	medãd čašm	مداد چشم
Wimperntusche (f)	rimel	ريمل
Lippenstift (m)	mãtik	ماتيک

Nagellack (m)	lāk-e nāxon	لاک ناخن
Haarlack (m)	esperey-ye mu	اسپری مو
Deodorant (n)	deodyrant	دئودورانت

Creme (f)	kerem	کرم
Gesichtscreme (f)	kerem-e surat	کرم صورت
Handcreme (f)	kerem-e dast	کرم دست
Anti-Falten-Creme (f)	kerem-e zedd-e čoruk	کرم ضد چروک
Tagescreme (f)	kerem-e ruz	کرم روز
Nachtcreme (f)	kerem-e šab	کرم شب
Tages-	ruzāne	روزانه
Nacht-	šab	شب

Tampon (m)	tāmpon	تامپون
Toilettenpapier (n)	kāqaz-e tuālet	کاغذ توالت
Föhn (m)	sešovār	سشوار

40. Armbanduhren Uhren

Armbanduhr (f)	sā'at-e moči	ساعت مچی
Zifferblatt (n)	safhe-ye sā'at	صفحهٔ ساعت
Zeiger (m)	aqrabe	عقربه
Metallarmband (n)	band-e sāat	بند ساعت
Uhrenarmband (n)	band-e čarmi	بند چرمی

Batterie (f)	bātri	باطری
verbraucht sein	tamām šodan bātri	تمام شدن باتری
die Batterie wechseln	bātri avaz kardan	باطری عوض کردن
vorgehen (vi)	jelo oftādan	جلو افتادن
nachgehen (vi)	aqab māndan	عقب ماندن

Wanduhr (f)	sā'at-e divāri	ساعت دیواری
Sanduhr (f)	sā'at-e šeni	ساعت شنی
Sonnenuhr (f)	sā'at-e āftābi	ساعت آفتابی
Wecker (m)	sā'at-e zang dār	ساعت زنگ دار
Uhrmacher (m)	sā'at sāz	ساعت ساز
reparieren (vt)	ta'mir kardan	تعمیر کردن

ALLTAGSERFAHRUNG

41. Geld

Geld (n)	pul	پول
Austausch (m)	tabdil-e arz	تبدیل ارز
Kurs (m)	nerx-e arz	نرخ ارز
Geldautomat (m)	xodpardāz	خودپرداز
Münze (f)	sekke	سکه
Dollar (m)	dolār	دلار
Euro (m)	yuro	یورو
Lira (f)	lire	لیره
Mark (f)	mārk	مارک
Franken (m)	farānak	فرانک
Pfund Sterling (n)	pond-e esterling	پوند استرلینگ
Yen (m)	yen	ین
Schulden (pl)	qarz	قرض
Schuldner (m)	bedehkār	بدهکار
leihen (vt)	qarz dādan	قرض دادن
leihen, borgen (Geld usw.)	qarz gereftan	قرض گرفتن
Bank (f)	bānk	بانک
Konto (n)	hesāb-e bānki	حساب بانکی
einzahlen (vt)	rixtan	ریختن
auf ein Konto einzahlen	be hesāb rixtan	به حساب ریختن
abheben (vt)	az hesāb bardāštan	از حساب برداشتن
Kreditkarte (f)	kārt-e e'tebāri	کارت اعتباری
Bargeld (n)	pul-e naqd	پول نقد
Scheck (m)	ček	چک
einen Scheck schreiben	ček neveštan	چک نوشتن
Scheckbuch (n)	daste-ye ček	دسته چک
Geldtasche (f)	kif-e pul	کیف پول
Geldbeutel (m)	kif-e pul	کیف پول
Safe (m)	gāvsanduq	گاوصندوق
Erbe (m)	vāres	وارث
Erbschaft (f)	mirās	میراث
Vermögen (n)	dārāyi	دارایی
Pacht (f)	ejāre	اجاره
Miete (f)	kerāye-ye xāne	کرایۀ خانه
mieten (vt)	ejāre kardan	اجاره کردن
Preis (m)	qeymat	قیمت
Kosten (pl)	arzeš	ارزش

Summe (f)	jam'-e kol	جمع كل
ausgeben (vt)	xarj kardan	خرج كردن
Ausgaben (pl)	maxārej	مخارج
sparen (vt)	sarfeju-yi kardan	صرفه جویی كردن
sparsam	maqrun besarfe	مقرون به صرفه

zahlen (vt)	pardāxtan	پرداختن
Lohn (m)	pardāxt	پرداخت
Wechselgeld (n)	pul-e xerad	پول خرد

Steuer (f)	māliyāt	ماليات
Geldstrafe (f)	jarime	جريمه
bestrafen (vt)	jarime kardan	جريمه كردن

42. Post. Postdienst

Post (Postamt)	post	پست
Post (Postsendungen)	post	پست
Briefträger (m)	nāme resān	نامه رسان
Öffnungszeiten (pl)	sā'athā-ye kāri	ساعت های كارى

Brief (m)	nāme	نامه
Einschreibebrief (m)	nāme-ye sefāreši	نامه سفارشى
Postkarte (f)	kārt-e postāl	كارت پستال
Telegramm (n)	telegrām	تلگرام
Postpaket (n)	baste posti	بسته پستى
Geldanweisung (f)	havāle	حواله

bekommen (vt)	gereftan	گرفتن
abschicken (vt)	ferestādan	فرستادن
Absendung (f)	ersāl	ارسال
Postanschrift (f)	nešāni	نشانى
Postleitzahl (f)	kod-e posti	كد پستى
Absender (m)	ferestande	فرستنده
Empfänger (m)	girande	گيرنده

Vorname (m)	esm	اسم
Nachname (m)	nām-e xānevādegi	نام خانوادگى
Tarif (m)	ta'refe	تعرفه
Standard- (Tarif)	ādi	عادى
Spar- (-tarif)	ādi	عادى

Gewicht (n)	vazn	وزن
abwiegen (vt)	vazn kardan	وزن كردن
Briefumschlag (m)	pākat	پاكت
Briefmarke (f)	tambr	تمبر
Briefmarke aufkleben	tamr zadan	تمبر زدن

43. Bankgeschäft

| Bank (f) | bānk | بانك |
| Filiale (f) | šo'be | شعبه |

Berater (m)	mošāver	مشاور
Leiter (m)	modir	مدير

Konto (n)	hesāb-e bānki	حساب بانكى
Kontonummer (f)	šomāre-ye hesāb	شمارۀ حساب
Kontokorrent (n)	hesāb-e jāri	حساب جارى
Sparkonto (n)	hesāb-e pasandāz	حساب پس انداز

ein Konto eröffnen	hesāb-e bāz kardan	حساب باز كردن
das Konto schließen	hesāb rā bastan	حساب را بستن
einzahlen (vt)	be hesāb rixtan	به حساب ريختن
abheben (vt)	az hesāb bardāštan	از حساب برداشتن

Einzahlung (f)	seporde	سپرده
eine Einzahlung machen	seporde gozāštan	سپرده گذاشتن
Überweisung (f)	enteqāl	انتقال
überweisen (vt)	enteqāl dādan	انتقال دادن

Summe (f)	jam'-e kol	جمع كل
Wieviel?	čeqadr?	چقدر؟

Unterschrift (f)	emzā'	امضاء
unterschreiben (vt)	emzā kardan	امضا كردن

Kreditkarte (f)	kārt-e e'tebāri	كارت اعتبارى
Code (m)	kod	كد
Kreditkartennummer (f)	šomāre-ye kārt-e e'tebāri	شماره كارت اعتبارى
Geldautomat (m)	xodpardāz	خودپرداز

Scheck (m)	ček	چک
einen Scheck schreiben	ček neveštan	چک نوشتن
Scheckbuch (n)	daste-ye ček	دسته چک

Darlehen (m)	e'tebār	اعتبار
ein Darlehen beantragen	darxāst-e vam kardan	درخواست وام كردن
ein Darlehen aufnehmen	vām gereftan	وام گرفتن
ein Darlehen geben	vām dādan	وام دادن
Sicherheit (f)	zemānat	ضمانت

44. Telefon. Telefongespräche

Telefon (n)	telefon	تلفن
Mobiltelefon (n)	telefon-e hamrāh	تلفن همراه
Anrufbeantworter (m)	monši-ye telefoni	منشى تلفنى

anrufen (vt)	telefon zadan	تلفن زدن
Anruf (m)	tamās-e telefoni	تماس تلفنى

eine Nummer wählen	šomāre gereftan	شماره گرفتن
Hallo!	alo!	الو!
fragen (vt)	porsidan	پرسيدن
antworten (vi)	javāb dādan	جواب دادن
hören (vt)	šenidan	شنيدن
gut (~ aussehen)	xub	خوب

schlecht (Adv)	bad	بد
Störungen (pl)	sedã	صدا

Hörer (m)	guši	گوشی
den Hörer abnehmen	guši rã bar dãštan	گوشی را برداشتن
auflegen (den Hörer ~)	guši rã gozãštan	گوشی را گذاشتن

besetzt	mašqul	مشغول
läuten (vi)	zang zadan	زنگ زدن
Telefonbuch (n)	daftar-e telefon	دفتر تلفن

Orts-	mahalli	محلی
Ortsgespräch (n)	telefon-e dãxeli	تلفن داخلی
Auslands-	beynolmelali	بین المللی
Auslandsgespräch (n)	telefon-e beynolmelali	تلفن بین المللی
Fern-	beyn-e šahri	بین شهری
Ferngespräch (n)	telefon-e beyn-e šahri	تلفن بین شهری

45. Mobiltelefon

Mobiltelefon (n)	telefon-e hamrãh	تلفن همراه
Display (n)	namãyešgar	نمایشگر
Knopf (m)	dokme	دکمه
SIM-Karte (f)	sim-e kãrt	سیم کارت

Batterie (f)	bãtri	باطری
leer sein (Batterie)	tamãm šodan bãtri	تمام شدن باتری
Ladegerät (n)	šãržer	شارژ

Menü (n)	meno	منو
Einstellungen (pl)	tanzimãt	تنظیمات
Melodie (f)	ãhang	آهنگ
auswählen (vt)	entexãb kardan	انتخاب کردن

Rechner (m)	mãšin-e hesãb	ماشین حساب
Anrufbeantworter (m)	monši-ye telefoni	منشی تلفنی
Wecker (m)	sã'at-e zang dãr	ساعت زنگ دار
Kontakte (pl)	daftar-e telefon	دفتر تلفن

SMS-Nachricht (f)	payãmak	پیامک
Teilnehmer (m)	moštarek	مشترک

46. Bürobedarf

Kugelschreiber (m)	xodkãr	خودکار
Federhalter (m)	xodnevis	خودنویس

Bleistift (m)	medãd	مداد
Faserschreiber (m)	mãžik	ماژیک
Filzstift (m)	mãžik	ماژیک
Notizblock (m)	daftar-e yãddãšt	دفتر یادداشت
Terminkalender (m)	daftar-e yãddãšt	دفتر یادداشت

Lineal (n)	xat keš	خط کش
Rechner (m)	mašin-e hesāb	ماشین حساب
Radiergummi (m)	pāk kon	پاک کن
Reißzwecke (f)	punez	پونز
Heftklammer (f)	gire	گیره

Klebstoff (m)	časb	چسب
Hefter (m)	mangane-ye zan	منگنه زن
Locher (m)	pānč	پانچ
Bleistiftspitzer (m)	madād-e tarāš	مداد تراش

47. Fremdsprachen

Sprache (f)	zabān	زبان
Fremd-	xāreji	خارجی
Fremdsprache (f)	zabān-e xāreji	زبان خارجی
studieren (z.B. Jura ~)	dars xāndan	درس خواندن
lernen (Englisch ~)	yād gereftan	یاد گرفتن

lesen (vi, vt)	xāndan	خواندن
sprechen (vi, vt)	harf zadan	حرف زدن
verstehen (vt)	fahmidan	فهمیدن
schreiben (vi, vt)	nevēštan	نوشتن

schnell (Adv)	sariʿ	سریع
langsam (Adv)	āheste	آهسته
fließend (Adv)	ravān	روان

Regeln (pl)	qavāʿed	قواعد
Grammatik (f)	gerāmer	گرامر
Vokabular (n)	vājegān	واژگان
Phonetik (f)	āvā-šenāsi	آواشناسی

Lehrbuch (n)	ketāb-e darsi	کتاب درسی
Wörterbuch (n)	farhang-e loqat	فرهنگ لغت
Selbstlernbuch (n)	xod-āmuz	خودآموز
Sprachführer (m)	ketāb-e mokāleme	کتاب مکالمه

Kassette (f)	kāst	کاست
Videokassette (f)	kāst-e video	کاست ویدئو
CD (f)	si-di	سیدی
DVD (f)	dey vey dey	دی وی دی

Alphabet (n)	alefbā	الفبا
buchstabieren (vt)	heji kardan	هجی کردن
Aussprache (f)	talaffoz	تلفظ

Akzent (m)	lahje	لهجه
mit Akzent	bā lahje	با لهجه
ohne Akzent	bi lahje	بی لهجه

Wort (n)	kalame	کلمه
Bedeutung (f)	maʿni	معنی
Kurse (pl)	dowre	دوره

sich einschreiben	nām-nevisi kardan	نام نویسی کردن
Lehrer (m)	ostād	استاد
Übertragung (f)	tarjome	ترجمه
Übersetzung (f)	tarjome	ترجمه
Übersetzer (m)	motarjem	مترجم
Dolmetscher (m)	motarjem-e šafāhi	مترجم شفاهی
Polyglott (m, f)	čand zabāni	چند زبانی
Gedächtnis (n)	hāfeze	حافظه

MAHLZEITEN. RESTAURANT

48. Gedeck

Löffel (m)	qāšoq	قاشق
Messer (n)	kārd	کارد
Gabel (f)	čangāl	چنگال
Tasse (eine ~ Tee)	fenjān	فنجان
Teller (m)	bošqāb	بشقاب
Untertasse (f)	na'lbeki	نعلبکی
Serviette (f)	dastmāl	دستمال
Zahnstocher (m)	xelāl-e dandān	خلال دندان

49. Restaurant

Restaurant (n)	resturān	رستوران
Kaffeehaus (n)	kāfe	کافه
Bar (f)	bār	بار
Teesalon (m)	qahve xāne	قهوه خانه
Kellner (m)	pišxedmat	پیشخدمت
Kellnerin (f)	pišxedmat	پیشخدمت
Barmixer (m)	motesaddi-ye bār	متصدی بار
Speisekarte (f)	meno	منو
Weinkarte (f)	kārt-e šarāb	کارت شراب
einen Tisch reservieren	miz rezerv kardan	میز رزرو کردن
Gericht (n)	qazā	غذا
bestellen (vt)	sefāreš dādan	سفارش دادن
eine Bestellung aufgeben	sefāreš dādan	سفارش دادن
Aperitif (m)	mašrub-e piš qazā	مشروب پیش غذا
Vorspeise (f)	piš qazā	پیش غذا
Nachtisch (m)	deser	دسر
Rechnung (f)	surat hesāb	صورت حساب
Rechnung bezahlen	surat-e hesāb rā pardāxtan	صورت حساب را پرداختن
das Wechselgeld geben	baqiye rā dādan	بقیه را دادن
Trinkgeld (n)	an'ām	انعام

50. Mahlzeiten

Essen (n)	qazā	غذا
essen (vi, vt)	xordan	خوردن

Frühstück (n)	sobhāne	صبحانه
frühstücken (vi)	sobhāne xordan	صبحانه خوردن
Mittagessen (n)	nāhār	ناهار
zu Mittag essen	nāhār xordan	ناهار خوردن
Abendessen (n)	šām	شام
zu Abend essen	šām xordan	شام خوردن

| Appetit (m) | eštehā | اشتها |
| Guten Appetit! | nuš-e jān | نوش جان |

öffnen (vt)	bāz kardan	باز کردن
verschütten (vt)	rixtan	ریختن
verschüttet werden	rixtan	ریختن

kochen (vi)	jušidan	جوشیدن
kochen (Wasser ~)	jušāndan	جوشاندن
gekocht (Adj)	jušide	جوشیده
kühlen (vt)	sard kardan	سرد کردن
abkühlen (vi)	sard šodan	سرد شدن

| Geschmack (m) | maze | مزه |
| Beigeschmack (m) | maze | مزه |

auf Diät sein	lāqar kardan	لاغر کردن
Diät (f)	režim	رژیم
Vitamin (n)	vitāmin	ویتامین
Kalorie (f)	kālori	کالری
Vegetarier (m)	giyāh xār	گیاه خوار
vegetarisch (Adj)	giyāh xāri	گیاه خواری

Fett (n)	čarbi-hā	چربی ها
Protein (n)	porotein	پروتئین
Kohlenhydrat (n)	karbohidrāt-hā	کربو هیدرات ها

Scheibchen (n)	qet'e	قطعه
Stück (ein ~ Kuchen)	tekke	تکه
Krümel (m)	zarre	ذره

51. Gerichte

Gericht (n)	qazā	غذا
Küche (f)	qazā	غذا
Rezept (n)	dastur-e poxt	دستور پخت
Portion (f)	pors	پرس

| Salat (m) | sālād | سالاد |
| Suppe (f) | sup | سوپ |

Brühe (f), Bouillon (f)	pāye-ye sup	پایه سوپ
belegtes Brot (n)	sāndevič	ساندویچ
Spiegelei (n)	nimru	نیمرو

| Hamburger (m) | hamberger | همبرگر |
| Beefsteak (n) | esteyk | استیک |

Beilage (f)	moxallafāt	مخلفات
Spaghetti (pl)	espāgeti	اسپاگتی
Kartoffelpüree (n)	pure-ye sibi zamini	پورۀ سیب زمینی
Pizza (f)	pitzā	پیتزا
Brei (m)	šurbā	شوربا
Omelett (n)	ommol-at	املت

gekocht	āb paz	آب پز
geräuchert	dudi	دودی
gebraten	sorx šode	سرخ شده
getrocknet	xošk	خشک
tiefgekühlt	yax zade	یخ زده
mariniert	torši	ترشی

süß	širin	شیرین
salzig	šur	شور
kalt	sard	سرد
heiß	dāq	داغ
bitter	talx	تلخ
lecker	xoš mazze	خوش مزه

kochen (vt)	poxtan	پختن
zubereiten (vt)	poxtan	پختن
braten (vt)	sorx kardan	سرخ کردن
aufwärmen (vt)	garm kardan	گرم کردن

salzen (vt)	namak zadan	نمک زدن
pfeffern (vt)	felfel pāšidan	فلفل پاشیدن
reiben (vt)	rande kardan	رنده کردن
Schale (f)	pust	پوست
schälen (vt)	pust kandan	پوست کندن

52. Essen

Fleisch (n)	gušt	گوشت
Hühnerfleisch (n)	morq	مرغ
Küken (n)	juje	جوجه
Ente (f)	ordak	اردک
Gans (f)	qāz	غاز
Wild (n)	gušt-e šekār	گوشت شکار
Pute (f)	gušt-e buqalamun	گوشت بوقلمون

Schweinefleisch (n)	gušt-e xuk	گوشت خوک
Kalbfleisch (n)	gušt-e gusāle	گوشت گوساله
Hammelfleisch (n)	gušt-e gusfand	گوشت گوسفند
Rindfleisch (n)	gušt-e gāv	گوشت گاو
Kaninchenfleisch (n)	xarguš	خرگوش

Wurst (f)	kālbās	کالباس
Würstchen (n)	sosis	سوسیس
Schinkenspeck (m)	beykon	بیکن
Schinken (m)	žāmbon	ژامبون
Räucherschinken (m)	rān xuk	ران خوک
Pastete (f)	pāte	پاته

Leber (f)	jegar	جگر
Hackfleisch (n)	hamberger	همبرگر
Zunge (f)	zabān	زبان
Ei (n)	toxm-e morq	تخم مرغ
Eier (pl)	toxm-e morq-ha	تخم مرغ ها
Eiweiß (n)	sefide-ye toxm-e morq	سفیده تخم مرغ
Eigelb (n)	zarde-ye toxm-e morq	زرده تخم مرغ
Fisch (m)	māhi	ماهی
Meeresfrüchte (pl)	qazā-ye daryāyi	غذای دریایی
Krebstiere (pl)	saxtpustān	سختپوستان
Kaviar (m)	xāviār	خاویار
Krabbe (f)	xarčang	خرچنگ
Garnele (f)	meygu	میگو
Auster (f)	sadaf-e xorāki	صدف خوراکی
Languste (f)	xarčang-e xārdār	خرچنگ خاردار
Krake (m)	hašt pā	هشت پا
Kalmar (m)	māhi-ye morakkab	ماهی مرکب
Störfleisch (n)	māhi-ye xāviār	ماهی خاویار
Lachs (m)	māhi-ye salemon	ماهی سالمون
Heilbutt (m)	halibut	هالیبوت
Dorsch (m)	māhi-ye rowqan	ماهی روغن
Makrele (f)	māhi-ye esqumeri	ماهی اسقومری
Tunfisch (m)	tan māhi	تن ماهی
Aal (m)	mārmāhi	مارماهی
Forelle (f)	māhi-ye qezelālā	ماهی قزل آلا
Sardine (f)	sārdin	ساردین
Hecht (m)	ordak māhi	اردک ماهی
Hering (m)	māhi-ye šur	ماهی شور
Brot (n)	nān	نان
Käse (m)	panir	پنیر
Zucker (m)	qand	قند
Salz (n)	namak	نمک
Reis (m)	berenj	برنج
Teigwaren (pl)	mākāroni	ماکارونی
Nudeln (pl)	rešte-ye farangi	رشته فرنگی
Butter (f)	kare	کره
Pflanzenöl (n)	rowqan-e nabāti	روغن نباتی
Sonnenblumenöl (n)	rowqan āftābgardān	روغن آفتاب گردان
Margarine (f)	mārgārin	مارگارین
Oliven (pl)	zeytun	زیتون
Olivenöl (n)	rowqan-e zeytun	روغن زیتون
Milch (f)	šir	شیر
Kondensmilch (f)	šir-e čegāl	شیر چگال
Joghurt (m)	mās-at	ماست
saure Sahne (f)	xāme-ye torš	خامۀ ترش

Sahne (f)	saršir	سرشیر
Mayonnaise (f)	māyonez	مایونز
Buttercreme (f)	xāme	خامه

Grütze (f)	hobubāt	حبوبات
Mehl (n)	ārd	آرد
Konserven (pl)	konserv-hā	کنسرو ها

Maisflocken (pl)	bereštuk	برشتوک
Honig (m)	asal	عسل
Marmelade (f)	morabbā	مربا
Kaugummi (m, n)	ādāms	آدامس

53. Getränke

Wasser (n)	āb	آب
Trinkwasser (n)	āb-e āšāmidani	آب آشامیدنی
Mineralwasser (n)	āb-e ma'dani	آب معدنی

still	bedun-e gāz	بدون گاز
mit Kohlensäure	gāzdār	گازدار
mit Gas	gāzdār	گازدار
Eis (n)	yax	یخ
mit Eis	yax dār	یخ دار

alkoholfrei (Adj)	bi alkol	بی الکل
alkoholfreies Getränk (n)	nušābe-ye bi alkol	نوشابه بی الکل
Erfrischungsgetränk (n)	nušābe-ye xonak	نوشابهٔ خنک
Limonade (f)	limunād	لیموناد

Spirituosen (pl)	mašrubāt-e alkoli	مشروبات الکلی
Wein (m)	šarāb	شراب
Weißwein (m)	šarāb-e sefid	شراب سفید
Rotwein (m)	šarāb-e sorx	شراب سرخ

Likör (m)	likor	لیکور
Champagner (m)	šāmpāyn	شامپاین
Wermut (m)	vermut	ورموت

Whisky (m)	viski	ویسکی
Wodka (m)	vodkā	ودکا
Gin (m)	jin	جین
Kognak (m)	kōnyāk	گنیاگ
Rum (m)	araq-e neyšekar	عرق نیشکر

Kaffee (m)	qahve	قهوه
schwarzer Kaffee (m)	qahve-ye talx	قهوهٔ تلخ
Milchkaffee (m)	šir-qahve	شیرقهوه
Cappuccino (m)	kāpočino	کاپوچینو
Pulverkaffee (m)	qahve-ye fowri	قهوه فوری

Milch (f)	šir	شیر
Cocktail (m)	kuktel	کوکتل
Milchcocktail (m)	kuktele šir	کوکتل شیر

Saft (m)	āb-e mive	آب میوه
Tomatensaft (m)	āb-e gowjefarangi	آب گوجه فرنگی
Orangensaft (m)	āb-e porteqāl	آب پرتقال
frisch gepresster Saft (m)	āb-e mive-ye taze	آب میوهٔ تازه

Bier (n)	ābejow	آبجو
Helles (n)	ābejow-ye sabok	آبجوی سبک
Dunkelbier (n)	ābejow-ye tire	آبجوی تیره

Tee (m)	čāy	چای
schwarzer Tee (m)	čāy-e siyāh	چای سیاه
grüner Tee (m)	čāy-e sabz	چای سبز

54. Gemüse

Gemüse (n)	sabzijāt	سبزیجات
grünes Gemüse (pl)	sabzi	سبزی

Tomate (f)	gowje farangi	گوجه فرنگی
Gurke (f)	xiyār	خیار
Karotte (f)	havij	هویج
Kartoffel (f)	sib zamini	سیب زمینی
Zwiebel (f)	piyāz	پیاز
Knoblauch (m)	sir	سیر

Kohl (m)	kalam	کلم
Blumenkohl (m)	gol kalam	گل کلم
Rosenkohl (m)	koll-am boruksel	کلم بروکسل
Brokkoli (m)	kalam borokli	کلم بروکلی

Rote Bete (f)	čoqondar	چغندر
Aubergine (f)	bādenjān	بادنجان
Zucchini (f)	kadu sabz	کدو سبز

Kürbis (m)	kadu tanbal	کدو تنبل
Rübe (f)	šalqam	شلغم

Petersilie (f)	ja'fari	جعفری
Dill (m)	šavid	شوید
Kopf Salat (m)	kāhu	کاهو
Sellerie (m)	karafs	کرفس

Spargel (m)	mārčube	مارچوبه
Spinat (m)	esfenāj	اسفناج

Erbse (f)	noxod	نخود
Bohnen (pl)	lubiyā	لوبیا

Mais (m)	zorrat	ذرت
weiße Bohne (f)	lubiyā qermez	لوبیا قرمز

Paprika (m)	felfel	فلفل
Radieschen (n)	torobče	تربچه
Artischocke (f)	kangar farangi	کنگرفرنگی

55. Obst. Nüsse

Frucht (f)	mive	ميوه
Apfel (m)	sib	سيب
Birne (f)	golābi	گلابى
Zitrone (f)	limu	ليمو
Apfelsine (f)	porteqāl	پرتقال
Erdbeere (f)	tut-e farangi	توت فرنگى
Mandarine (f)	nārengi	نارنگى
Pflaume (f)	ālu	آلو
Pfirsich (m)	holu	هلو
Aprikose (f)	zardālu	زردآلو
Himbeere (f)	tamešk	تمشک
Ananas (f)	ānānās	آناناس
Banane (f)	mowz	موز
Wassermelone (f)	hendevāne	هندوانه
Weintrauben (pl)	angur	انگور
Sauerkirsche (f)	ālbālu	آلبالو
Süßkirsche (f)	gilās	گيلاس
Melone (f)	xarboze	خربزه
Grapefruit (f)	gerip forut	گريپ فوروت
Avocado (f)	āvokādo	اووكادو
Papaya (f)	pāpāyā	پاپايا
Mango (f)	anbe	انبه
Granatapfel (m)	anār	انار
rote Johannisbeere (f)	angur-e farangi-ye sorx	انگور فرنگى سرخ
schwarze Johannisbeere (f)	angur-e farangi-ye siyāh	انگور فرنگى سياه
Stachelbeere (f)	angur-e farangi	انگور فرنگى
Heidelbeere (f)	zoqāl axte	زغال اخته
Brombeere (f)	šāh tut	شاه توت
Rosinen (pl)	kešmeš	كشمش
Feige (f)	anjir	انجير
Dattel (f)	xormā	خرما
Erdnuss (f)	bādām zamin-i	بادام زمينى
Mandel (f)	bādām	بادام
Walnuss (f)	gerdu	گردو
Haselnuss (f)	fandoq	فندق
Kokosnuss (f)	nārgil	نارگيل
Pistazien (pl)	peste	پسته

56. Brot. Süßigkeiten

Konditorwaren (pl)	širini jāt	شيرينى جات
Brot (n)	nān	نان
Keks (m, n)	biskuit	بيسكوييت
Schokolade (f)	šokolāt	شكلات
Schokoladen-	šokolāti	شكلاتى

Bonbon (m, n)	āb nabāt	آب نبات
Kuchen (m)	nān-e širini	نان شیرینی
Torte (f)	širini	شیرینی

| Kuchen (Apfel-) | keyk | کیک |
| Füllung (f) | čāšni | چاشنی |

Konfitüre (f)	morabbā	مربا
Marmelade (f)	mārmālād	مارمالاد
Waffeln (pl)	vāfel	وافل
Eis (n)	bastani	بستنی
Pudding (m)	puding	پودینگ

57. Gewürze

Salz (n)	namak	نمک
salzig (Adj)	šur	شور
salzen (vt)	namak zadan	نمک زدن

schwarzer Pfeffer (m)	felfel-e siyāh	فلفل سیاه
roter Pfeffer (m)	felfel-e sorx	فلفل سرخ
Senf (m)	xardal	خردل
Meerrettich (m)	torob-e kuhi	ترب کوهی

Gewürz (n)	adviye	ادویه
Gewürz (n)	adviye	ادویه
Soße (f)	ses	سس
Essig (m)	serke	سرکه

Anis (m)	rāziyāne	رازیانه
Basilikum (n)	reyhān	ریحان
Nelke (f)	mixak	میخک
Ingwer (m)	zanjefil	زنجفیل
Koriander (m)	gešniz	گشنیز
Zimt (m)	dārčin	دارچین

Sesam (m)	konjed	کنجد
Lorbeerblatt (n)	barg-e bu	برگ بو
Paprika (m)	paprika	پاپریکا
Kümmel (m)	zire	زیره
Safran (m)	za'ferān	زعفران

PERSÖNLICHE INFORMATIONEN. FAMILIE

58. Persönliche Informationen. Formulare

Vorname (m)	esm	اسم
Name (m)	nām-e xānevādegi	نام خانوادگی
Geburtsdatum (n)	tārix-e tavallod	تاریخ تولد
Geburtsort (m)	mahall-e tavallod	محل تولد
Nationalität (f)	melliyat	ملیت
Wohnort (m)	mahall-e sokunat	محل سکونت
Land (n)	kešvar	کشور
Beruf (m)	šoql	شغل
Geschlecht (n)	jens	جنس
Größe (f)	qad	قد
Gewicht (n)	vazn	وزن

59. Familienmitglieder. Verwandte

Mutter (f)	mādar	مادر
Vater (m)	pedar	پدر
Sohn (m)	pesar	پسر
Tochter (f)	doxtar	دختر
jüngste Tochter (f)	doxtar-e kučak	دختر کوچک
jüngste Sohn (m)	pesar-e kučak	پسر کوچک
ältere Tochter (f)	doxtar-e bozorg	دختر بزرگ
älterer Sohn (m)	pesar-e bozorg	پسر بزرگ
Bruder (m)	barādar	برادر
älterer Bruder (m)	barādar-e bozorg	برادر بزرگ
jüngerer Bruder (m)	barādar-e kučak	برادر کوچک
Schwester (f)	xāhar	خواهر
ältere Schwester (f)	xāhar-e bozorg	خواهر بزرگ
jüngere Schwester (f)	xāhar-e kučak	خواهر کوچک
Cousin (m)	pesar 'amu	پسر عمو
Cousine (f)	doxtar amu	دختر عمو
Mama (f)	māmān	مامان
Papa (m)	bābā	بابا
Eltern (pl)	vāledeyn	والدین
Kind (n)	kudak	کودک
Kinder (pl)	bače-hā	بچه ها
Großmutter (f)	mādarbozorg	مادربزرگ
Großvater (m)	pedar-bozorg	پدربزرگ

Enkel (m)	nave	نوه
Enkelin (f)	nave	نوه
Enkelkinder (pl)	nave-hā	نوه ها

Onkel (m)	amu	عمو
Tante (f)	xāle yā amme	خاله یا عمه
Neffe (m)	barādar-zāde	برادرزاده
Nichte (f)	xāhar-zāde	خواهرزاده

Schwiegermutter (f)	mādarzan	مادرزن
Schwiegervater (m)	pedar-šowhar	پدرشوهر
Schwiegersohn (m)	dāmād	داماد
Stiefmutter (f)	nāmādari	نامادری
Stiefvater (m)	nāpedari	ناپدری

Säugling (m)	nowzād	نوزاد
Kleinkind (n)	širxār	شیرخوار
Kleine (m)	pesar-e kučulu	پسر کوچولو

Frau (f)	zan	زن
Mann (m)	šowhar	شوهر
Ehemann (m)	hamsar	همسر
Gemahlin (f)	hamsar	همسر

verheiratet (Ehemann)	mote'ahhel	متاهل
verheiratet (Ehefrau)	mote'ahhel	متاهل
ledig	mojarrad	مجرد
Junggeselle (m)	mojarrad	مجرد
geschieden (Adj)	talāq gerefte	طلاق گرفته
Witwe (f)	bive zan	بیوه زن
Witwer (m)	bive	بیوه

Verwandte (m)	xišāvand	خویشاوند
naher Verwandter (m)	aqvām-e nazdik	اقوام نزدیک
entfernter Verwandter (m)	aqvām-e dur	اقوام دور
Verwandte (pl)	aqvām	اقوام

Waise (m, f)	yatim	یتیم
Vormund (m)	qayyem	قیم
adoptieren (einen Jungen)	be pesari gereftan	به پسری گرفتن
adoptieren (ein Mädchen)	be doxtari gereftan	به دختری گرفتن

60. Freunde. Arbeitskollegen

Freund (m)	dust	دوست
Freundin (f)	dust	دوست
Freundschaft (f)	dusti	دوستی
befreundet sein	dust budan	دوست بودن

Freund (m)	rafiq	رفیق
Freundin (f)	rafiq	رفیق
Partner (m)	šarik	شریک
Chef (m)	ra'is	رئیس
Vorgesetzte (m)	ra'is	رئیس

Besitzer (m)	sāheb	صاحب
Untergeordnete (m)	zirdast	زیردست
Kollege (m), Kollegin (f)	hamkār	همکار
Bekannte (m)	āšnā	آشنا
Reisegefährte (m)	hamsafar	همسفر
Mitschüler (m)	ham kelās	هم کلاس
Nachbar (m)	hamsāye	همسایه
Nachbarin (f)	hamsāye	همسایه
Nachbarn (pl)	hamsāye-hā	همسایه ها

MENSCHLICHER KÖRPER. MEDIZIN

61. Kopf

Kopf (m)	sar	سر
Gesicht (n)	surat	صورت
Nase (f)	bini	بینی
Mund (m)	dahān	دهان
Auge (n)	češm	چشم
Augen (pl)	češm-hā	چشم ها
Pupille (f)	mardomak	مردمک
Augenbraue (f)	abru	ابرو
Wimper (f)	može	مژه
Augenlid (n)	pelek	پلک
Zunge (f)	zabān	زبان
Zahn (m)	dandān	دندان
Lippen (pl)	lab-hā	لب ها
Backenknochen (pl)	ostexānhā-ye gune	استخوان های گونه
Zahnfleisch (n)	lase	لثه
Gaumen (m)	saqf-e dahān	سقف دهان
Nasenlöcher (pl)	surāxhā-ye bini	سوراخ های بینی
Kinn (n)	čāne	چانه
Kiefer (m)	fak	فک
Wange (f)	gune	گونه
Stirn (f)	pišāni	پیشانی
Schläfe (f)	gijgāh	گیجگاه
Ohr (n)	guš	گوش
Nacken (m)	pas gardan	پس گردن
Hals (m)	gardan	گردن
Kehle (f)	galu	گلو
Haare (pl)	mu-hā	مو ها
Frisur (f)	model-e mu	مدل مو
Haarschnitt (m)	model-e mu	مدل مو
Perücke (f)	kolāh-e gis	کلاه گیس
Schnurrbart (m)	sebil	سبیل
Bart (m)	riš	ریش
haben (einen Bart ~)	gozāštan	گذاشتن
Zopf (m)	muy-ye bāfte	موی بافته
Backenbart (m)	xatt-e riš	خط ریش
rothaarig	muqermez	موقرمز
grau	sefid-e mu	سفید مو
kahl	tās	طاس
Glatze (f)	tāsi	طاسی

| Pferdeschwanz (m) | dom-e asbi | دم اسبی |
| Pony (Ponyfrisur) | čatri | چتری |

62. Menschlicher Körper

| Hand (f) | dast | دست |
| Arm (m) | bāzu | بازو |

Finger (m)	angošt	انگشت
Zehe (f)	šast-e pā	شصت پا
Daumen (m)	šost	شست
kleiner Finger (m)	angošt-e kučak	انگشت کوچک
Nagel (m)	nāxon	ناخن

Faust (f)	mošt	مشت
Handfläche (f)	kaf-e dast	کف دست
Handgelenk (n)	moč-e dast	مچ دست
Unterarm (m)	sā'ed	ساعد
Ellbogen (m)	āranj	آرنج
Schulter (f)	ketf	کتف

Bein (n)	pā	پا
Fuß (m)	pā	پا
Knie (n)	zānu	زانو
Wade (f)	sāq	ساق
Hüfte (f)	rān	ران
Ferse (f)	pāšne-ye pā	پاشنة پا

Körper (m)	badan	بدن
Bauch (m)	šekam	شکم
Brust (f)	sine	سینه
Busen (m)	sine	سینه
Seite (f), Flanke (f)	pahlu	پهلو
Rücken (m)	pošt	پشت
Kreuz (n)	kamar	کمر
Taille (f)	dur-e kamar	دور کمر

Nabel (m)	nāf	ناف
Gesäßbacken (pl)	nešiman-e gāh	نشیمن گاه
Hinterteil (n)	bāsan	باسن

Leberfleck (m)	xāl	خال
Muttermal (n)	xāl-e mādarzād	خال مادرزاد
Tätowierung (f)	xāl kubi	خال کوبی
Narbe (f)	jā-ye zaxm	جای زخم

63. Krankheiten

Krankheit (f)	bimāri	بیماری
krank sein	bimār budan	بیمار بودن
Gesundheit (f)	salāmati	سلامتی
Schnupfen (m)	āb-e rizeš-e bini	آب ریزش بینی

Angina (f)	varam-e lowze	ورم لوزه
Erkältung (f)	sarmā xordegi	سرما خوردگی
sich erkälten	sarmā xordan	سرما خوردن

Bronchitis (f)	boronšit	برنشیت
Lungenentzündung (f)	zātorrie	ذات الریه
Grippe (f)	ānfolānzā	آنفولانزا

kurzsichtig	nazdik bin	نزدیک بین
weitsichtig	durbin	دوربین
Schielen (n)	enherāf-e čašm	انحراف چشم
schielend (Adj)	luč	لوچ
grauer Star (m)	āb morvārid	آب مروارید
Glaukom (n)	ab-e siyāh	آب سیاه

Schlaganfall (m)	sekte-ye maqzi	سکته مغزی
Infarkt (m)	sekte-ye qalbi	سکته قلبی
Herzinfarkt (m)	ānfārktus	آنفارکتوس
Lähmung (f)	falaji	فلجی
lähmen (vt)	falj kardan	فلج کردن

Allergie (f)	ālerži	آلرژی
Asthma (n)	āsm	آسم
Diabetes (m)	diyābet	دیابت

Zahnschmerz (m)	dandān-e dard	دندان درد
Karies (f)	pusidegi	پوسیدگی

Durchfall (m)	eshāl	اسهال
Verstopfung (f)	yobusat	یبوست
Magenverstimmung (f)	nārāhati-ye me'de	ناراحتی معده
Vergiftung (f)	masmumiyat	مسمومیت
Vergiftung bekommen	masmum šodan	مسموم شدن

Arthritis (f)	varam-e mafāsel	ورم مفاصل
Rachitis (f)	rāšitism	راشیتیسم
Rheumatismus (m)	romātism	روماتیسم
Atherosklerose (f)	tasallob-e šarāin	تصلب شرائین

Gastritis (f)	varam-e me'de	ورم معده
Blinddarmentzündung (f)	āpāndisit	آپاندیسیت
Cholezystitis (f)	eltehāb-e kise-ye safrā	التهاب کیسه صفرا
Geschwür (n)	zaxm	زخم

Masern (pl)	sorxak	سرخک
Röteln (pl)	sorxje	سرخجه
Gelbsucht (f)	yaraqān	یرقان
Hepatitis (f)	hepātit	هپاتیت

Schizophrenie (f)	šizoferni	شیزوفرنی
Tollwut (f)	hāri	هاری
Neurose (f)	extelāl-e a'sāb	اختلال اعصاب
Gehirnerschütterung (f)	zarbe-ye maqzi	ضربه مغزی

Krebs (m)	saratān	سرطان
Sklerose (f)	eskeleroz	اسکلروز

multiple Sklerose (f)	eskeleroz čandgāne	اسکلروز چندگانه
Alkoholismus (m)	alkolism	الکلیسم
Alkoholiker (m)	alkoli	الکلی
Syphilis (f)	siflis	سیفلیس
AIDS	eydz	ایدز

Tumor (m)	tumor	تومور
bösartig	bad xim	بد خیم
gutartig	xoš xim	خوش خیم

Fieber (n)	tab	تب
Malaria (f)	mālāriyā	مالاریا
Gangrän (f, n)	qānqāriyā	قانقاریا
Seekrankheit (f)	daryā-zadegi	دریازدگی
Epilepsie (f)	sar‘	صرع

Epidemie (f)	epidemi	اپیدمی
Typhus (m)	hasbe	حصبه
Tuberkulose (f)	sel	سل
Cholera (f)	vabā	وبا
Pest (f)	tā‘un	طاعون

64. Symptome. Behandlungen. Teil 1

Symptom (n)	alāem-e bimāri	علائم بیماری
Temperatur (f)	damā	دما
Fieber (n)	tab	تب
Puls (m)	nabz	نبض

Schwindel (m)	sargije	سرگیجه
heiß (Stirne usw.)	dāq	داغ
Schüttelfrost (m)	ra‘še	رعشه
blass (z.B. -es Gesicht)	rang paride	رنگ پریده

Husten (m)	sorfe	سرفه
husten (vi)	sorfe kardan	سرفه کردن
niesen (vi)	atse kardan	عطسه کردن
Ohnmacht (f)	qaš	غش
ohnmächtig werden	qaš kardan	غش کردن

blauer Fleck (m)	kabudi	کبودی
Beule (f)	barāmadegi	برآمدگی
sich stoßen	barxord kardan	برخورد کردن
Prellung (f)	kuftegi	کوفتگی
sich stoßen	zarb didan	ضرب دیدن

hinken (vi)	langidan	لنگیدن
Verrenkung (f)	dar raftegi	دررفتگی
ausrenken (vt)	dar raftan	دررفتن
Fraktur (f)	šekastegi	شکستگی
brechen (Arm usw.)	dočār-e šekastegi šodan	دچار شکستگی شدن

| Schnittwunde (f) | boridegi | بریدگی |
| sich schneiden | boridan | بریدن |

Blutung (f)	xunrizi	خونریزی
Verbrennung (f)	suxtegi	سوختگی
sich verbrennen	dočār-e suxtegi šodan	دچار سوختگی شدن
stechen (vt)	surāx kardan	سوراخ کردن
sich stechen	surāx kardan	سوراخ کردن
verletzen (vt)	āsib resāndan	آسیب رساندن
Verletzung (f)	zaxm	زخم
Wunde (f)	zaxm	زخم
Trauma (n)	zarbe	ضربه
irrereden (vi)	hazyān goftan	هذیان گفتن
stottern (vi)	loknat dāštan	لکنت داشتن
Sonnenstich (m)	āftāb-zadegi	آفتابزدگی

65. Symptome. Behandlungen. Teil 2

Schmerz (m)	dard	درد
Splitter (m)	xār	خار
Schweiß (m)	araq	عرق
schwitzen (vi)	araq kardan	عرق کردن
Erbrechen (n)	estefrāq	استفراغ
Krämpfe (pl)	tašannoj	تشنج
schwanger	bārdār	باردار
geboren sein	motevalled šodan	متولد شدن
Geburt (f)	vaz'-e haml	وضع حمل
gebären (vt)	be donyā āvardan	به دنیا آوردن
Abtreibung (f)	seqt-e janin	سقط جنین
Atem (m)	tanaffos	تنفس
Atemzug (m)	estenšāq	استنشاق
Ausatmung (f)	bāzdam	بازدم
ausatmen (vt)	bāzdamidan	بازدمیدن
einatmen (vt)	nafas kešidan	نفس کشیدن
Invalide (m)	ma'lul	معلول
Krüppel (m)	falaj	فلج
Drogenabhängiger (m)	mo'tād	معتاد
taub	kar	کر
stumm	lāl	لال
taubstumm	kar-o lāl	کر و لال
verrückt (Adj)	divāne	دیوانه
Irre (m)	divāne	دیوانه
Irre (f)	divāne	دیوانه
den Verstand verlieren	divāne šodan	دیوانه شدن
Gen (n)	žen	ژن
Immunität (f)	masuniyat	مصونیت
erblich	mowrusi	موروثی
angeboren	mādarzād	مادرزاد

Virus (m, n)	virus	ویروس
Mikrobe (f)	mikrob	میکروب
Bakterie (f)	bākteri	باکتری
Infektion (f)	ofunat	عفونت

66. Symptome. Behandlungen. Teil 3

Krankenhaus (n)	bimārestān	بیمارستان
Patient (m)	bimār	بیمار
Diagnose (f)	tašxis	تشخیص
Heilung (f)	mo'āleje	معالجه
Behandlung (f)	darmān	درمان
Behandlung bekommen	darmān šodan	درمان شدن
behandeln (vt)	mo'āleje kardan	معالجه کردن
pflegen (Kranke)	parastāri kardan	پرستاری کردن
Pflege (f)	parastāri	پرستاری
Operation (f)	amal-e jarrāhi	عمل جراحی
verbinden (vt)	pānsemān kardan	پانسمان کردن
Verband (m)	pānsemān	پانسمان
Impfung (f)	vāksināsyon	واکسیناسیون
impfen (vt)	vāksine kardan	واکسینه کردن
Spritze (f)	tazriq	تزریق
eine Spritze geben	tazriq kardan	تزریق کردن
Anfall (m)	hamle	حمله
Amputation (f)	qat'-e ozv	قطع عضو
amputieren (vt)	qat' kardan	قطع کردن
Koma (n)	komā	کما
im Koma liegen	dar komā budan	در کما بودن
Reanimation (f)	morāqebat-e viže	مراقبت ویژه
genesen von … (vi)	behbud yāftan	بهبود یافتن
Zustand (m)	hālat	حالت
Bewusstsein (n)	huš	هوش
Gedächtnis (n)	hāfeze	حافظه
ziehen (einen Zahn ~)	dandān kešidan	دندان کشیدن
Plombe (f)	por kardan	پر کردن
plombieren (vt)	por kardan	پر کردن
Hypnose (f)	hipnotizm	هیپنوتیزم
hypnotisieren (vt)	hipnotizm kardan	هیپنوتیزم کردن

67. Medizin. Medikamente. Accessoires

Arznei (f)	dāru	دارو
Heilmittel (n)	darmān	درمان
verschreiben (vt)	tajviz kardan	تجویز کردن
Rezept (n)	nosxe	نسخه

Tablette (f)	qors	قرص
Salbe (f)	pomād	پماد
Ampulle (f)	āmpul	آمپول
Mixtur (f)	šarbat	شربت
Sirup (m)	šarbat	شربت
Pille (f)	kapsul	کپسول
Pulver (n)	pudr	پودر

Verband (m)	bānd	باند
Watte (f)	panbe	پنبه
Jod (n)	yod	ید

Pflaster (n)	časb-e zaxm	چسب زخم
Pipette (f)	qatre čekān	قطره چکان
Thermometer (n)	damāsanj	دماسنج
Spritze (f)	sorang	سرنگ

| Rollstuhl (m) | vilčer | ویلچر |
| Krücken (pl) | čub zir baqal | چوب زیر بغل |

Betäubungsmittel (n)	mosaken	مسکن
Abführmittel (n)	moshel	مسهل
Spiritus (m)	alkol	الکل
Heilkraut (n)	giyāhān-e dāruyi	گیاهان دارویی
Kräuter- (z.B. Kräutertee)	giyāhi	گیاهی

WOHNUNG

68. Wohnung

Wohnung (f)	āpārtemān	آپارتمان
Zimmer (n)	otāq	اتاق
Schlafzimmer (n)	otāq-e xāb	اتاق خواب
Esszimmer (n)	otāq-e qazāxori	اتاق غذاخوری
Wohnzimmer (n)	mehmānxāne	مهمانخانه
Arbeitszimmer (n)	daftar	دفتر
Vorzimmer (n)	tālār-e vorudi	تالار ورودی
Badezimmer (n)	hammām	حمام
Toilette (f)	tuālet	توالت
Decke (f)	saqf	سقف
Fußboden (m)	kaf	کف
Ecke (f)	guše	گوشه

69. Möbel. Innenausstattung

Möbel (n)	mobl	مبل
Tisch (m)	miz	میز
Stuhl (m)	sandali	صندلی
Bett (n)	taxt-e xāb	تخت خواب
Sofa (n)	kānāpe	کاناپه
Sessel (m)	mobl-e rāhati	مبل راحتی
Bücherschrank (m)	qafase-ye ketāb	قفسه کتاب
Regal (n)	qafase	قفسه
Schrank (m)	komod	کمد
Hakenleiste (f)	raxt āviz	رخت آویز
Kleiderständer (m)	čub lebāsi	چوب لباسی
Kommode (f)	komod	کمد
Couchtisch (m)	miz-e pisdasti	میز پیشدستی
Spiegel (m)	āyene	آینه
Teppich (m)	farš	فرش
Matte (kleiner Teppich)	qāliče	قالیچه
Kamin (m)	šumine	شومینه
Kerze (f)	šam'	شمع
Kerzenleuchter (m)	šam'dān	شمعدان
Vorhänge (pl)	parde	پرده
Tapete (f)	kāqaz-e divāri	کاغذ دیواری

Jalousie (f)	kerkere	کرکره
Tischlampe (f)	čerāq-e rumizi	چراغ رومیزی
Leuchte (f)	čerāq-e divāri	چراغ دیواری
Stehlampe (f)	ābāžur	آباژور
Kronleuchter (m)	luster	لوستر

Bein (Tischbein usw.)	pāye	پایه
Armlehne (f)	daste-ye sandali	دستۀ صندلی
Lehne (f)	pošti	پشتی
Schublade (f)	kešow	کشو

70. Bettwäsche

Bettwäsche (f)	raxt-e xāb	رخت خواب
Kissen (n)	bālešt	بالشت
Kissenbezug (m)	rubalešt	روبالشت
Bettdecke (f)	patu	پتو
Laken (n)	malāfe	ملافه
Tagesdecke (f)	rutaxti	روتختی

71. Küche

Küche (f)	āšpazxāne	آشپزخانه
Gas (n)	gāz	گاز
Gasherd (m)	ojāgh-e gāz	اجاق گاز
Elektroherd (m)	ojāgh-e barghi	اجاق برقی
Backofen (m)	fer	فر
Mikrowellenherd (m)	māykrofer	مایکروفر

Kühlschrank (m)	yaxčāl	یخچال
Tiefkühltruhe (f)	fereyzer	فریزر
Geschirrspülmaschine (f)	māšin-e zarfšuyi	ماشین ظرفشویی

Fleischwolf (m)	čarx-e gušt	چرخ گوشت
Saftpresse (f)	ābmive giri	آبمیوه گیری
Toaster (m)	towster	توستر
Mixer (m)	maxlut kon	مخلوط کن

Kaffeemaschine (f)	qahve sāz	قهوه ساز
Kaffeekanne (f)	qahve juš	قهوه جوش
Kaffeemühle (f)	āsiyāb-e qahve	آسیاب قهوه

Wasserkessel (m)	ketri	کتری
Teekanne (f)	quri	قوری
Deckel (m)	sarpuš	سرپوش
Teesieb (n)	čāy sāf kon	چای صاف کن

Löffel (m)	qāšoq	قاشق
Teelöffel (m)	qāšoq čāy xori	قاشق چای خوری
Esslöffel (m)	qāšoq sup xori	قاشق سوپ خوری
Gabel (f)	čangāl	چنگال
Messer (n)	kārd	کارد

Geschirr (n)	zoruf	ظروف
Teller (m)	bošqāb	بشقاب
Untertasse (f)	na'lbeki	نعلبکی
Schnapsglas (n)	gilās-e vodkā	گیلاس ودکا
Glas (n)	estekān	استکان
Tasse (f)	fenjān	فنجان
Zuckerdose (f)	qandān	قندان
Salzstreuer (m)	namakdān	نمکدان
Pfefferstreuer (m)	felfeldān	فلفلدان
Butterdose (f)	zarf-e kare	ظرف کره
Kochtopf (m)	qāblame	قابلمه
Pfanne (f)	tābe	تابه
Schöpflöffel (m)	malāqe	ملاقه
Durchschlag (m)	ābkeš	آبکش
Tablett (n)	sini	سینی
Flasche (f)	botri	بطری
Glas (Einmachglas)	šiše	شیشه
Dose (f)	quti	قوطی
Flaschenöffner (m)	dar bāz kon	در بازکن
Dosenöffner (m)	dar bāz kon	در بازکن
Korkenzieher (m)	dar bāz kon	در بازکن
Filter (n)	filter	فیلتر
filtern (vt)	filter kardan	فیلتر کردن
Müll (m)	āšqāl	آشغال
Mülleimer, Treteimer (m)	satl-e zobāle	سطل زباله

72. Bad

Badezimmer (n)	hammām	حمام
Wasser (n)	āb	آب
Wasserhahn (m)	šir	شیر
Warmwasser (n)	āb-e dāq	آب داغ
Kaltwasser (n)	āb-e sard	آب سرد
Zahnpasta (f)	xamir-e dandān	خمیر دندان
Zähne putzen	mesvāk zadan	مسواک زدن
Zahnbürste (f)	mesvāk	مسواک
sich rasieren	riš tarāšidan	ریش تراشیدن
Rasierschaum (m)	xamir-e eslāh	خمیر اصلاح
Rasierer (m)	tiq	تیغ
waschen (vt)	šostan	شستن
sich waschen	hamām kardan	حمام کردن
Dusche (f)	duš	دوش
sich duschen	duš gereftan	دوش گرفتن
Badewanne (f)	vān hammām	وان حمام
Klosettbecken (n)	tuālet-e farangi	توالت فرنگی

Waschbecken (n)	sink	سینک
Seife (f)	sābun	صابون
Seifenschale (f)	jā sābun	جا صابون

Schwamm (m)	abr	ابر
Shampoo (n)	šāmpu	شامپو
Handtuch (n)	howle	حوله
Bademantel (m)	howle-ye hamām	حوله حمام

Wäsche (f)	raxčuyi	لباسشویی
Waschmaschine (f)	māšin-e lebas-šui	ماشین لباسشویی
waschen (vt)	šostan-e lebās	شستن لباس
Waschpulver (n)	pudr-e lebas-šui	پودر لباسشویی

73. Haushaltsgeräte

Fernseher (m)	televiziyon	تلویزیون
Tonbandgerät (n)	zabt-e sowt	ضبط صوت
Videorekorder (m)	video	ویدئو
Empfänger (m)	rādiyo	رادیو
Player (m)	paxš konande	پخش کننده

Videoprojektor (m)	video porožektor	ویدئو پروژکتور
Heimkino (n)	sinamā-ye xānegi	سینمای خانگی
DVD-Player (m)	paxš konande-ye di vi di	پخش کننده دی وی دی
Verstärker (m)	āmpli-fāyer	آمپلی فایر
Spielkonsole (f)	konsul-e bāzi	کنسول بازی

Videokamera (f)	durbin-e filmbardāri	دوربین فیلمبرداری
Kamera (f)	durbin-e akkāsi	دوربین عکاسی
Digitalkamera (f)	durbin-e dijitāl	دوربین دیجیتال

Staubsauger (m)	jāru barqi	جارو برقی
Bügeleisen (n)	oto	اتو
Bügelbrett (n)	miz-e otu	میز اتو

Telefon (n)	telefon	تلفن
Mobiltelefon (n)	telefon-e hamrāh	تلفن همراه
Schreibmaschine (f)	māšin-e tahrir	ماشین تحریر
Nähmaschine (f)	čarx-e xayyāti	چرخ خیاطی

Mikrophon (n)	mikrofon	میکروفون
Kopfhörer (m)	guši	گوشی
Fernbedienung (f)	kontorol az rāh-e dur	کنترل از راه دور

CD (f)	si-di	سیدی
Kassette (f)	kāst	کاست
Schallplatte (f)	safhe-ye gerāmāfon	صفحه گرامافون

73

DIE ERDE. WETTER

74. Weltall

Deutsch	Persisch (Transkription)	Persisch
Kosmos (m)	fazā	فضا
kosmisch, Raum-	fazāyi	فضایی
Weltraum (m)	fazā-ye keyhān	فضای کیهان
All (n)	jahān	جهان
Universum (n)	giti	گیتی
Galaxie (f)	kahkešān	کهکشان
Stern (m)	setāre	ستاره
Gestirn (n)	surat-e falaki	صورت فلکی
Planet (m)	sayyāre	سیاره
Satellit (m)	māhvāre	ماهواره
Meteorit (m)	sang-e āsmāni	سنگ آسمانی
Komet (m)	setāre-ye donbāle dār	ستارۀ دنباله دار
Asteroid (m)	šahāb	شهاب
Umlaufbahn (f)	madār	مدار
sich drehen	gardidan	گردیدن
Atmosphäre (f)	jav	جو
Sonne (f)	āftāb	آفتاب
Sonnensystem (n)	manzume-ye šamsi	منظومه شمسی
Sonnenfinsternis (f)	kosuf	کسوف
Erde (f)	zamin	زمین
Mond (m)	māh	ماه
Mars (m)	merrix	مریخ
Venus (f)	zahre	زهره
Jupiter (m)	moštari	مشتری
Saturn (m)	zohal	زحل
Merkur (m)	atārod	عطارد
Uran (m)	orānus	اورانوس
Neptun (m)	nepton	نپتون
Pluto (m)	poloton	پلوتون
Milchstraße (f)	kahkešān rāh-e širi	کهکشان راه شیری
Der Große Bär	dobb-e akbar	دب اکبر
Polarstern (m)	setāre-ye qotbi	ستاره قطبی
Marsbewohner (m)	merrixi	مریخی
Außerirdischer (m)	farā zamini	فرا زمینی
außerirdisches Wesen (n)	mowjud fazāyi	موجود فضایی

fliegende Untertasse (f)	bošqāb-e parande	بشقاب پرنده
Raumschiff (n)	fazā peymā	فضا پیما
Raumstation (f)	istgāh-e fazāyi	ایستگاه فضایی
Raketenstart (m)	rāh andāzi	راه اندازی
Triebwerk (n)	motor	موتور
Düse (f)	nāzel	نازل
Treibstoff (m)	suxt	سوخت
Kabine (f)	kābin	کابین
Antenne (f)	ānten	آنتن
Bullauge (n)	panjere	پنجره
Sonnenbatterie (f)	bātri-ye xoršidi	باطری خورشیدی
Raumanzug (m)	lebās-e fazānavardi	لباس فضانوردی
Schwerelosigkeit (f)	bi vazni	بی وزنی
Sauerstoff (m)	oksižen	اکسیژن
Ankopplung (f)	vasl	وصل
koppeln (vi)	vasl kardan	وصل کردن
Observatorium (n)	rasadxāne	رصدخانه
Teleskop (n)	teleskop	تلسکوپ
beobachten (vt)	mošāhede kardan	مشاهده کردن
erforschen (vt)	kašf kardan	کشف کردن

75. Die Erde

Erde (f)	zamin	زمین
Erdkugel (f)	kare-ye zamin	کرۀ زمین
Planet (m)	sayyāre	سیاره
Atmosphäre (f)	jav	جو
Geographie (f)	joqrāfiyā	جغرافیا
Natur (f)	tabi'at	طبیعت
Globus (m)	kare-ye joqrāfiyāyi	کرۀ جغرافیایی
Landkarte (f)	naqše	نقشه
Atlas (m)	atlas	اطلس
Europa (n)	orupā	اروپا
Asien (n)	āsiyā	آسیا
Afrika (n)	āfriqā	آفریقا
Australien (n)	ostorāliyā	استرالیا
Amerika (n)	emrikā	امریکا
Nordamerika (n)	emrikā-ye šomāli	امریکای شمالی
Südamerika (n)	emrikā-ye jonubi	امریکای جنوبی
Antarktis (f)	qotb-e jonub	قطب جنوب
Arktis (f)	qotb-e šomāl	قطب شمال

76. Himmelsrichtungen

Norden (m)	šomāl	شمال
nach Norden	be šomāl	به شمال
im Norden	dar šomāl	در شمال
nördlich	šomāli	شمالی
Süden (m)	jonub	جنوب
nach Süden	be jonub	به جنوب
im Süden	dar jonub	در جنوب
südlich	jonubi	جنوبی
Westen (m)	qarb	غرب
nach Westen	be qarb	به غرب
im Westen	dar qarb	در غرب
westlich, West-	qarbi	غربی
Osten (m)	šarq	شرق
nach Osten	be šarq	به شرق
im Osten	dar šarq	در شرق
östlich	šarqi	شرقی

77. Meer. Ozean

Meer (n), See (f)	daryā	دریا
Ozean (m)	oqyānus	اقیانوس
Golf (m)	xalij	خلیج
Meerenge (f)	tange	تنگه
Festland (n)	zamin	زمین
Kontinent (m)	qāre	قاره
Insel (f)	jazire	جزیره
Halbinsel (f)	šeb-e jazire	شبه جزیره
Archipel (m)	majma'-ol-jazāyer	مجمع‌الجزایر
Bucht (f)	xalij-e kučak	خلیج کوچک
Hafen (m)	langargāh	لنگرگاه
Lagune (f)	mordāb	مرداب
Kap (n)	damāqe	دماغه
Atoll (n)	jazire-ye marjāni	جزیره مرجانی
Riff (n)	tappe-ye daryāyi	تپه دریایی
Koralle (f)	marjān	مرجان
Korallenriff (n)	tappe-ye marjāni	تپه مرجانی
tief (Adj)	amiq	عمیق
Tiefe (f)	omq	عمق
Abgrund (m)	partgāh	پرتگاه
Graben (m)	derāz godāl	درازگودال
Strom (m)	jaryān	جریان
umspülen (vt)	ehāte kardan	احاطه کردن

| Ufer (n) | sähel | ساحل |
| Küste (f) | sähel | ساحل |

Flut (f)	mod	مد
Ebbe (f)	jazr	جزر
Sandbank (f)	sähel-e šeni	ساحل شنی
Boden (m)	qa'r	قعر

Welle (f)	mowj	موج
Wellenkamm (m)	nok	نوک
Schaum (m)	kaf	کف

Sturm (m)	tufān-e daryāyi	طوفان دریایی
Orkan (m)	tufān	طوفان
Tsunami (m)	sonāmi	سونامی
Windstille (f)	sokun-e daryā	سکون دریا
ruhig	ārām	آرام

| Pol (m) | qotb | قطب |
| Polar- | qotbi | قطبی |

Breite (f)	arz-e joqrāfiyāyi	عرض جغرافیایی
Länge (f)	tul-e joqrāfiyāyi	طول جغرافیایی
Breitenkreis (m)	movāzi	موازی
Äquator (m)	xatt-e ostavā	خط استوا

Himmel (m)	āsemān	آسمان
Horizont (m)	ofoq	افق
Luft (f)	havā	هوا

Leuchtturm (m)	fānus-e daryāyi	فانوس دریایی
tauchen (vi)	širje raftan	شیرجه رفتن
versinken (vi)	qarq šodan	غرق شدن
Schätze (pl)	ganj	گنج

78. Namen der Meere und Ozeane

Atlantischer Ozean (m)	oqyānus-e atlas	اقیانوس اطلس
Indischer Ozean (m)	oqyānus-e hend	اقیانوس هند
Pazifischer Ozean (m)	oqyānus-e ārām	اقیانوس آرام
Arktischer Ozean (m)	oqyānus-e monjamed-e šomāli	اقیانوس منجمد شمالی

Schwarzes Meer (n)	daryā-ye siyāh	دریای سیاه
Rotes Meer (n)	daryā-ye sorx	دریای سرخ
Gelbes Meer (n)	daryā-ye zard	دریای زرد
Weißes Meer (n)	daryā-ye sefid	دریای سفید

Kaspisches Meer (n)	daryā-ye xazar	دریای خزر
Totes Meer (n)	daryā-ye morde	دریای مرده
Mittelmeer (n)	daryā-ye meditarāne	دریای مدیترانه

| Ägäisches Meer (n) | daryā-ye eže | دریای اژه |
| Adriatisches Meer (n) | daryā-ye ādriyātik | دریای آدریاتیک |

Arabisches Meer (n)	daryā-ye arab	دریای عرب
Japanisches Meer (n)	daryā-ye žāpon	دریای ژاپن
Beringmeer (n)	daryā-ye brinq	دریای برینگ
Südchinesisches Meer (n)	daryā-ye čin-e jonubi	دریای چین جنوبی

Korallenmeer (n)	daryā-ye marjān	دریای مرجان
Tasmansee (f)	daryā-ye tās-emān	دریای تاسمان
Karibisches Meer (n)	daryā-ye kārāib	دریای کارائیب

| Barentssee (f) | daryā-ye barntz | دریای بارنتز |
| Karasee (f) | daryā-ye kārā | دریای کارا |

Nordsee (f)	daryā-ye šomāl	دریای شمال
Ostsee (f)	daryā-ye bāltik	دریای بالتیک
Nordmeer (n)	daryā-ye norvež	دریای نروژ

79. Berge

Berg (m)	kuh	کوه
Gebirgskette (f)	rešte-ye kuh	رشته کوه
Bergrücken (m)	selsele-ye jebāl	سلسله جبال

Gipfel (m)	qolle	قله
Spitze (f)	qolle	قله
Bergfuß (m)	dāmane-ye kuh	دامنۀ کوه
Abhang (m)	šib	شیب

Vulkan (m)	ātaš-fešān	آتشفشان
tätiger Vulkan (m)	ātaš-fešān-e fa'āl	آتش فشان فعال
schlafender Vulkan (m)	ātaš-fešān-e xāmuš	آتش فشان خاموش

Ausbruch (m)	favarān	فوران
Krater (m)	dahāne-ye ātašfešān	دهانۀ آتش فشان
Magma (n)	māgmā	ماگما
Lava (f)	godāze	گدازه
glühend heiß (-e Lava)	godāxte	گداخته

Cañon (m)	tange	تنگ
Schlucht (f)	darre-ye tang	دره تنگ
Spalte (f)	tange	تنگه
Abgrund (m) (steiler ~)	partgāh	پرتگاه

Gebirgspass (m)	gozargāh	گذرگاه
Plateau (n)	falāt	فلات
Fels (m)	saxre	صخره
Hügel (m)	tappe	تپه

Gletscher (m)	yaxčāl	یخچال
Wasserfall (m)	ābšār	آبشار
Geiser (m)	češme-ye āb-e garm	چشمۀ آب گرم
See (m)	daryāče	دریاچه

| Ebene (f) | jolge | جلگه |
| Landschaft (f) | manzare | منظره |

Echo (n)	en'ekās-e sowt	انعكاس صوت
Bergsteiger (m)	kuhnavard	كوهنورد
Kletterer (m)	saxre-ye navard	صخره نورد
bezwingen (vt)	fath kardan	فتح كردن
Aufstieg (m)	so'ud	صعود

80. Namen der Berge

Alpen (pl)	ālp	آلپ
Montblanc (m)	moan belān	مون بلان
Pyrenäen (pl)	pirene	پيرنه

Karpaten (pl)	kuhhā-ye kārpāt	كوههای كارپات
Uralgebirge (n)	kuhe-i orāl	كوههای اورال
Kaukasus (m)	qafqāz	قفقاز
Elbrus (m)	alborz	البرز

Altai (m)	āltāy	آلتای
Tian Shan (m)	tiyān šān	تيان شان
Pamir (m)	pāmir	پامير
Himalaja (m)	himāliyā-vo	هيماليا
Everest (m)	everest	اورست

| Anden (pl) | ānd | آند |
| Kilimandscharo (m) | kelimānjāro | كليمانجارو |

81. Flüsse

Fluss (m)	rudxāne	رودخانه
Quelle (f)	češme	چشمه
Flussbett (n)	bastar	بستر
Stromgebiet (n)	howze	حوضه
einmünden in …	rixtan	ريختن

| Nebenfluss (m) | enše'āb | انشعاب |
| Ufer (n) | sāhel | ساحل |

Strom (m)	jaryān	جريان
stromabwärts	be samt-e pāin-e rudxāne	به سمت پائين رودخانه
stromaufwärts	be samt-e bālā-ye rudxāne	به سمت بالای رودخانه

Überschwemmung (f)	seyl	سيل
Hochwasser (n)	toqyān	طغيان
aus den Ufern treten	toqyān kardan	طغيان كردن
überfluten (vt)	toqyān kardan	طغيان كردن

| Sandbank (f) | tangāb | تنگاب |
| Stromschnelle (f) | tondāb | تندآب |

Damm (m)	sad	سد
Kanal (m)	kānāl	كانال
Stausee (m)	maxzan-e āb	مخزن آب

Schleuse (f)	ābgir	آبگیر
Gewässer (n)	maxzan-e āb	مخزن آب
Sumpf (m), Moor (n)	bātlāq	باتلاق
Marsch (f)	lajan zār	لجن زار
Strudel (m)	gerdāb	گرداب

Bach (m)	ravad	رود
Trink- (z.B. Trinkwasser)	āšāmidani	آشامیدنی
Süß- (Wasser)	širin	شیرین

| Eis (n) | yax | یخ |
| zufrieren (vi) | yax bastan | یخ بستن |

82. Namen der Flüsse

| Seine (f) | sen | سن |
| Loire (f) | lavār | لوآر |

Themse (f)	timz	تیمز
Rhein (m)	rāyn	راین
Donau (f)	dānub	دانوب

Wolga (f)	volgā	ولگا
Don (m)	don	دن
Lena (f)	lenā	لنا

Gelber Fluss (m)	rud-e zard	رود زرد
Jangtse (m)	yāng tese	یانگ تسه
Mekong (m)	mekung	مکونگ
Ganges (m)	gong	گنگ

Nil (m)	neyl	نیل
Kongo (m)	kongo	کنگو
Okavango (m)	okavango	اوکاوانگو
Sambesi (m)	zāmbezi	زامبزی
Limpopo (m)	rud-e limpupu	رود لیمپوپو
Mississippi (m)	mi si si pi	می سی سی پی

83. Wald

| Wald (m) | jangal | جنگل |
| Wald- | jangali | جنگلی |

Dickicht (n)	jangal-e anbuh	جنگل انبوه
Gehölz (n)	biše	بیشه
Lichtung (f)	marqzār	مرغزار

| Dickicht (n) | biše-hā | بیشه ها |
| Gebüsch (n) | bute zār | بوته زار |

| Fußweg (m) | kure-ye rāh | کوره راه |
| Erosionsrinne (f) | darre | دره |

Baum (m)	deraxt	درخت
Blatt (n)	barg	برگ
Laub (n)	šāx-o barg	شاخ و برگ
Laubfall (m)	barg rizi	برگ ریزی
fallen (Blätter)	rixtan	ریختن
Wipfel (m)	nok	نوک
Zweig (m)	šāxe	شاخه
Ast (m)	šāxe	شاخه
Knospe (f)	šokufe	شکوفه
Nadel (f)	suzan	سوزن
Zapfen (m)	maxrut-e kāj	مخروط کاج
Höhlung (f)	surāx	سوراخ
Nest (n)	lāne	لانه
Höhle (f)	lāne	لانه
Stamm (m)	tane	تنه
Wurzel (f)	riše	ریشه
Rinde (f)	pust	پوست
Moos (n)	xaze	خزه
entwurzeln (vt)	rišekan kardan	ریشه کن کردن
fällen (vt)	boridan	بریدن
abholzen (vt)	boridan	بریدن
Baumstumpf (m)	kande-ye deraxt	کنده درخت
Lagerfeuer (n)	ātaš	آتش
Waldbrand (m)	ātaš suzi	آتش سوزی
löschen (vt)	xāmuš kardan	خاموش کردن
Förster (m)	jangal bān	جنگل بان
Schutz (m)	mohāfezat	محافظت
beschützen (vt)	mohāfezat kardan	محافظت کردن
Wilddieb (m)	šekārči-ye qeyr-e qānuni	شکارچی غیر قانونی
Falle (f)	tale	تله
sammeln, pflücken (vt)	čidan	چیدن
sich verirren	gom šodan	گم شدن

84. natürliche Lebensgrundlagen

Naturressourcen (pl)	manābe-'e tabii	منابع طبیعی
Bodenschätze (pl)	mavādd-e ma'dani	مواد معدنی
Vorkommen (n)	tah nešast	ته نشست
Feld (Ölfeld usw.)	meydān	میدان
gewinnen (vt)	estexrāj kardan	استخراج کردن
Gewinnung (f)	estexrāj	استخراج
Erz (n)	sang-e ma'dani	سنگ معدنی
Bergwerk (n)	ma'dan	معدن
Schacht (m)	ma'dan	معدن
Bergarbeiter (m)	ma'dani	معدنچی

| Erdgas (n) | gāz | گاز |
| Gasleitung (f) | lule-ye gāz | لولۀ گاز |

Erdöl (n)	naft	نفت
Erdölleitung (f)	lule-ye naft	لولۀ نفت
Ölquelle (f)	čāh-e naft	چاه نفت
Bohrturm (m)	dakal-e haffāri	دکل حفاری
Tanker (m)	tānker	تانکر

Sand (m)	šen	شن
Kalkstein (m)	sang-e āhak	سنگ آهک
Kies (m)	sangrize	سنگریزه
Torf (m)	turb	تورب
Ton (m)	xāk-e ros	خاک رس
Kohle (f)	zoqāl sang	زغال سنگ

Eisen (n)	āhan	آهن
Gold (n)	talā	طلا
Silber (n)	noqre	نقره
Nickel (n)	nikel	نیکل
Kupfer (n)	mes	مس

Zink (n)	ruy	روی
Mangan (n)	mangenez	منگنز
Quecksilber (n)	jive	جیوه
Blei (n)	sorb	سرب

Mineral (n)	mādde-ye ma'dani	مادۀ معدنی
Kristall (m)	bolur	بلور
Marmor (m)	marmar	مرمر
Uran (n)	orāniyom	اورانیوم

85. Wetter

Wetter (n)	havā	هوا
Wetterbericht (m)	piš bini havā	پیش بینی هوا
Temperatur (f)	damā	دما
Thermometer (n)	damāsanj	دماسنج
Barometer (n)	havāsanj	هواسنج

| feucht | martub | مرطوب |
| Feuchtigkeit (f) | rotubat | رطوبت |

Hitze (f)	garmā	گرما
glutheiß	dāq	داغ
ist heiß	havā xeyli garm ast	هوا خیلی گرم است

| ist warm | havā garm ast | هوا گرم است |
| warm (Adj) | garm | گرم |

ist kalt	sard ast	سرد است
kalt (Adj)	sard	سرد
Sonne (f)	āftāb	آفتاب
scheinen (vi)	tābidan	تابیدن

sonnig (Adj)	āftābi	آفتابی
aufgehen (vi)	tolu' kardan	طلوع کردن
untergehen (vi)	qorob kardan	غروب کردن

Wolke (f)	abr	ابر
bewölkt, wolkig	abri	ابری
Regenwolke (f)	abr-e bārānzā	ابر باران زا
trüb (-er Tag)	tire	تیره

Regen (m)	bārān	باران
Es regnet	bārān mibārad	باران می بارد
regnerisch (-er Tag)	bārāni	بارانی
nieseln (vi)	nam-nam bāridan	نم نم باریدن

strömender Regen (m)	bārān šodid	باران شدید
Regenschauer (m)	ragbār	رگبار
stark (-er Regen)	šadid	شدید
Pfütze (f)	čāle	چاله
nass werden (vi)	xis šodan	خیس شدن

Nebel (m)	meh	مه
neblig (-er Tag)	meh ālud	مه آلود
Schnee (m)	barf	برف
Es schneit	barf mibārad	برف می بارد

86. Unwetter Naturkatastrophen

Gewitter (n)	tufān	طوفان
Blitz (m)	barq	برق
blitzen (vi)	barq zadan	برق زدن

Donner (m)	ra'd	رعد
donnern (vi)	qorridan	غریدن
Es donnert	ra'd mizanad	رعد می زند

| Hagel (m) | tagarg | تگرگ |
| Es hagelt | tagarg mibārad | تگرگ می بارد |

| überfluten (vt) | toqyān kardan | طغیان کردن |
| Überschwemmung (f) | seyl | سیل |

Erdbeben (n)	zamin-larze	زمین لرزه
Erschütterung (f)	tekān	تکان
Epizentrum (n)	kānun-e zaminlarze	کانون زمین لرزه

| Ausbruch (m) | favarān | فوران |
| Lava (f) | godāze | گدازه |

| Wirbelsturm (m), Tornado (m) | gerdbād | گردباد |
| Taifun (m) | tufān | طوفان |

Orkan (m)	tufān	طوفان
Sturm (m)	tufān	طوفان
Tsunami (m)	sonāmi	سونامی

Zyklon (m)	gerdbād	گردباد
Unwetter (n)	havā-ye bad	هوای بد
Brand (m)	ātaš suzi	آتش سوزی
Katastrophe (f)	balā-ye tabi'i	بلای طبیعی
Meteorit (m)	sang-e āsmāni	سنگ آسمانی
Lawine (f)	bahman	بهمن
Schneelawine (f)	bahman	بهمن
Schneegestöber (n)	kulāk	کولاک
Schneesturm (m)	barf-o burān	برف و بوران

FAUNA

87. Säugetiere. Raubtiere

Raubtier (n)	heyvān-e darande	حیوان درنده
Tiger (m)	bebar	ببر
Löwe (m)	šir	شیر
Wolf (m)	gorg	گرگ
Fuchs (m)	rubāh	روباه
Jaguar (m)	jagvār	جگوار
Leopard (m)	palang	پلنگ
Gepard (m)	yuzpalang	یوزپلنگ
Panther (m)	palang-e siyāh	پلنگ سیاه
Puma (m)	yuzpalang	یوزپلنگ
Schneeleopard (m)	palang-e barfi	پلنگ برفی
Luchs (m)	siyāh guš	سیاه گوش
Kojote (m)	gorg-e sahrāyi	گرگ صحرایی
Schakal (m)	šoqāl	شغال
Hyäne (f)	kaftār	کفتار

88. Tiere in freier Wildbahn

Tier (n)	heyvān	حیوان
Bestie (f)	heyvān	حیوان
Eichhörnchen (n)	sanjāb	سنجاب
Igel (m)	xārpošt	خارپشت
Hase (m)	xarguš	خرگوش
Kaninchen (n)	xarguš	خرگوش
Dachs (m)	gurkan	گورکن
Waschbär (m)	rākon	راکن
Hamster (m)	muš-e bozorg	موش بزرگ
Murmeltier (n)	muš-e xormā-ye kuhi	موش خرمای کوهی
Maulwurf (m)	muš-e kur	موش کور
Maus (f)	muš	موش
Ratte (f)	muš-e sahrāyi	موش صحرایی
Fledermaus (f)	xoffāš	خفاش
Hermelin (n)	qāqom	قاقم
Zobel (m)	samur	سمور
Marder (m)	samur	سمور
Wiesel (n)	rāsu	راسو
Nerz (m)	tire-ye rāsu	تیره راسو

| Biber (m) | sag-e ābi | سگ آبی |
| Fischotter (m) | samur ābi | سمور آبی |

Pferd (n)	asb	اسب
Elch (m)	gavazn	گوزن
Hirsch (m)	āhu	آهو
Kamel (n)	šotor	شتر

Bison (m)	gāvmiš	گاومیش
Wisent (m)	gāv miš	گاو میش
Büffel (m)	bufālo	بوفالو

Zebra (n)	gurexar	گورخر
Antilope (f)	boz-e kuhi	بز کوهی
Reh (n)	šukā	شوکا
Damhirsch (m)	qazāl	غزال
Gämse (f)	boz-e kuhi	بز کوهی
Wildschwein (n)	gorāz	گراز

Wal (m)	nahang	نهنگ
Seehund (m)	fak	فک
Walroß (n)	širmāhi	شیرماهی
Seebär (m)	gorbe-ye ābi	گربۀ آبی
Delfin (m)	delfin	دلفین

Bär (m)	xers	خرس
Eisbär (m)	xers-e sefid	خرس سفید
Panda (m)	pāndā	پاندا

Affe (m)	meymun	میمون
Schimpanse (m)	šampānze	شمپانزه
Orang-Utan (m)	orāngutān	اورانگوتان
Gorilla (m)	guril	گوریل
Makak (m)	mākāk	ماکاک
Gibbon (m)	gibon	گیبون

Elefant (m)	fil	فیل
Nashorn (n)	kargadan	کرگدن
Giraffe (f)	zarrāfe	زرافه
Flusspferd (n)	asb-e ābi	اسب آبی

| Känguru (n) | kāngoro | کانگورو |
| Koala (m) | kovālā | کوالا |

Manguste (f)	xadang	خدنگ
Chinchilla (n)	čin čila	چین چیلا
Stinktier (n)	rāsu-ye badbu	راسوی بدبو
Stachelschwein (n)	taši	تشی

89. Haustiere

Katze (f)	gorbe	گربه
Kater (m)	gorbe-ye nar	گربۀ نر
Hund (m)	sag	سگ

Pferd (n)	asb	اسب
Hengst (m)	asb-e nar	اسب نر
Stute (f)	mādiyān	مادیان
Kuh (f)	gāv	گاو
Stier (m)	gāv-e nar	گاو نر
Ochse (m)	gāv-e axte	گاو اخته
Schaf (n)	gusfand	گوسفند
Widder (m)	gusfand-e nar	گوسفند نر
Ziege (f)	boz-e mādde	بز ماده
Ziegenbock (m)	boz-e nar	بز نر
Esel (m)	xar	خر
Maultier (n)	qāter	قاطر
Schwein (n)	xuk	خوک
Ferkel (n)	bače-ye xuk	بچۀ خوک
Kaninchen (n)	xarguš	خرگوش
Huhn (n)	morq	مرغ
Hahn (m)	xorus	خروس
Ente (f)	ordak	اردک
Enterich (m)	ordak-e nar	اردک نر
Gans (f)	qāz	غاز
Puter (m)	buqalamun-e nar	بوقلمون نر
Pute (f)	buqalamun-e māde	بوقلمون ماده
Haustiere (pl)	heyvānāt-e ahli	حیوانات اهلی
zahm	ahli	اهلی
zähmen (vt)	rām kardan	رام کردن
züchten (vt)	parvareš dādan	پرورش دادن
Farm (f)	mazrae	مزرعه
Geflügel (n)	morq-e xānegi	مرغ خانگی
Vieh (n)	dām	دام
Herde (f)	galle	گله
Pferdestall (m)	establ	اصطبل
Schweinestall (m)	āqol xuk	آغل خوک
Kuhstall (m)	āqol gāv	آغل گاو
Kaninchenstall (m)	lanye xarguš	لانه خرگوش
Hühnerstall (m)	morq dāni	مرغ دانی

90. Vögel

Vogel (m)	parande	پرنده
Taube (f)	kabutar	کبوتر
Spatz (m)	gonješk	گنجشک
Meise (f)	morq-e zanburxār	مرغ زنبورخوار
Elster (f)	zāqi	زاغی
Rabe (m)	kalāq-e siyāh	کلاغ سیاه

Krähe (f)	kalāq	کلاغ
Dohle (f)	zāq	زاغ
Saatkrähe (f)	kalāq-e siyāh	کلاغ سیاه
Ente (f)	ordak	اردک
Gans (f)	qāz	غاز
Fasan (m)	qarqāvol	قرقاول
Adler (m)	oqāb	عقاب
Habicht (m)	qerqi	قرقی
Falke (m)	šāhin	شاهین
Greif (m)	karkas	کرکس
Kondor (m)	karkas-e emrikāyi	کرکس امریکایی
Schwan (m)	qu	قو
Kranich (m)	dornā	درنا
Storch (m)	lak lak	لک لک
Papagei (m)	tuti	طوطی
Kolibri (m)	morq-e magas-e xār	مرغ مگس خوار
Pfau (m)	tāvus	طاووس
Strauß (m)	šotormorq	شترمرغ
Reiher (m)	havāsil	حواصیل
Flamingo (m)	felāmingo	فلامینگو
Pelikan (m)	pelikān	پلیکان
Nachtigall (f)	bolbol	بلبل
Schwalbe (f)	parastu	پرستو
Drossel (f)	bāstarak	باسترک
Singdrossel (f)	torqe	طرقه
Amsel (f)	tukā-ye siyāh	توکای سیاه
Segler (m)	bādxorak	بادخورک
Lerche (f)	čakāvak	چکاوک
Wachtel (f)	belderčin	بلدرچین
Specht (m)	dārkub	داركوب
Kuckuck (m)	fāxte	فاخته
Eule (f)	joqd	جغد
Uhu (m)	šāh buf	شاه بوف
Auerhahn (m)	siāh xorus	سیاه خروس
Birkhahn (m)	siāh xorus-e jangali	سیاه خروس جنگلی
Rebhuhn (f)	kabk	کبک
Star (m)	sār	سار
Kanarienvogel (m)	qanāri	قناری
Haselhuhn (n)	siyāh xorus-e fandoqi	سیاه خروس فندقی
Buchfink (m)	sehre-ye jangali	سهره جنگلی
Gimpel (m)	sohre sar-e siyāh	سهره سر سیاه
Möwe (f)	morq-e daryāyi	مرغ دریایی
Albatros (m)	morq-e daryāyi	مرغ دریایی
Pinguin (m)	pangoan	پنگوئن

91. Fische. Meerestiere

Brachse (f)	māhi-ye sim	ماهی سیم
Karpfen (m)	kapur	کپور
Barsch (m)	māhi-e luti	ماهی لوتی
Wels (m)	gorbe-ye māhi	گربه ماهی
Hecht (m)	ordak māhi	اردک ماهی
Lachs (m)	māhi-ye salemon	ماهی سالمون
Stör (m)	māhi-ye xāviār	ماهی خاویار
Hering (m)	māhi-ye šur	ماهی شور
atlantische Lachs (m)	sālmon-e atlāntik	سالمون اتلانتیک
Makrele (f)	māhi-ye esqumeri	ماهی اسقومری
Scholle (f)	sofre māhi	سفره ماهی
Zander (m)	suf	سوف
Dorsch (m)	māhi-ye rowqan	ماهی روغن
Tunfisch (m)	tan māhi	تن ماهی
Forelle (f)	māhi-ye qezelālā	ماهی قزل آلا
Aal (m)	mārmāhi	مارماهی
Zitterrochen (m)	partomahiye barqi	پرتوماهی برقی
Muräne (f)	mārmāhi	مارماهی
Piranha (m)	pirānā	پیرانا
Hai (m)	kuse-ye māhi	کوسه ماهی
Delfin (m)	delfin	دلفین
Wal (m)	nahang	نهنگ
Krabbe (f)	xarčang	خرچنگ
Meduse (f)	arus-e daryāyi	عروس دریایی
Krake (m)	hašt pā	هشت پا
Seestern (m)	setāre-ye daryāyi	ستاره دریایی
Seeigel (m)	xārpošt-e daryāyi	خارپشت دریایی
Seepferdchen (n)	asb-e daryāyi	اسب دریایی
Auster (f)	sadaf-e xorāki	صدف خوراکی
Garnele (f)	meygu	میگو
Hummer (m)	xarčang-e daryāyi	خرچنگ دریایی
Languste (f)	xarčang-e xārdār	خرچنگ خاردار

92. Amphibien Reptilien

Schlange (f)	mār	مار
Gift-, giftig	sammi	سمی
Viper (f)	af'i	افعی
Kobra (f)	kobrā	کبرا
Python (m)	mār-e pinton	مار پیتون
Boa (f)	mār-e bwa	مار بوا
Ringelnatter (f)	mār-e čaman	مار چمن

| Klapperschlange (f) | mār-e zangi | مار زنگی |
| Anakonda (f) | mār-e ānākondā | مار آناکوندا |

Eidechse (f)	susmār	سوسمار
Leguan (m)	susmār-e deraxti	سوسمار درختی
Waran (m)	bozmajje	بزمجه
Salamander (m)	samandar	سمندر
Chamäleon (n)	āftāb-parast	آفتاب پرست
Skorpion (m)	aqrab	عقرب

Schildkröte (f)	lāk pošt	لاک پشت
Frosch (m)	qurbāqe	قورباغه
Kröte (f)	vazaq	وزغ
Krokodil (n)	temsāh	تمساح

93. Insekten

Insekt (n)	hašare	حشره
Schmetterling (m)	parvāne	پروانه
Ameise (f)	murče	مورچه
Fliege (f)	magas	مگس
Mücke (f)	paše	پشه
Käfer (m)	susk	سوسک

Wespe (f)	zanbur	زنبور
Biene (f)	zanbur-e asal	زنبور عسل
Hummel (f)	xar zanbur	خرزنبور
Bremse (f)	xarmagas	خرمگس

| Spinne (f) | ankabut | عنکبوت |
| Spinnennetz (n) | tār-e ankabut | تارعنکبوت |

Libelle (f)	sanjāqak	سنجاقک
Grashüpfer (m)	malax	ملخ
Schmetterling (m)	bid	بید

Schabe (f)	susk	سوسک
Zecke (f)	kane	کنه
Floh (m)	kak	کک
Kriebelmücke (f)	paše-ye rize	پشه ریزه

Heuschrecke (f)	malax	ملخ
Schnecke (f)	halazun	حلزون
Heimchen (n)	jirjirak	جیرجیرک
Leuchtkäfer (m)	kerm-e šab-tāb	کرم شب تاب
Marienkäfer (m)	kafšduzak	کفشدوزک
Maikäfer (m)	susk bāldār	سوسک بالدار

Blutegel (m)	zālu	زالو
Raupe (f)	kerm-e abrišam	کرم ابریشم
Wurm (m)	kerm	کرم
Larve (f)	lārv	لارو

FLORA

94. Bäume

Baum (m)	deraxt	درخت
Laub-	barg riz	برگ ریز
Nadel-	maxrutiyān	مخروطیان
immergrün	hamiše sabz	همیشه سبز

Apfelbaum (m)	deraxt-e sib	درخت سیب
Birnbaum (m)	golābi	گلابی
Süßkirschbaum (m)	gilās	گیلاس
Sauerkirschbaum (m)	ālbālu	آلبالو
Pflaumenbaum (m)	ālu	آلو

Birke (f)	tus	توس
Eiche (f)	balut	بلوط
Linde (f)	zirfun	زیرفون
Espe (f)	senowbar-e larzān	صنوبر لرزان
Ahorn (m)	afrā	افرا
Fichte (f)	senowbar	صنوبر
Kiefer (f)	kāj	کاج
Lärche (f)	senowbar-e ārāste	صنوبر آراسته
Tanne (f)	šāh deraxt	شاه درخت
Zeder (f)	sedr	سدر

Pappel (f)	sepidār	سپیدار
Vogelbeerbaum (m)	zabān gonješk-e kuhi	زبان گنجشک کوهی
Weide (f)	bid	بید
Erle (f)	tuskā	توسکا
Buche (f)	rāš	راش
Ulme (f)	nārvan-e qermez	نارون قرمز
Esche (f)	zabān-e gonješk	زبان گنجشک
Kastanie (f)	šāh balut	شاه بلوط

Magnolie (f)	māgnoliyā	ماگنولیا
Palme (f)	naxl	نخل
Zypresse (f)	sarv	سرو

Mangrovenbaum (m)	karnā	کرنا
Baobab (m)	bāobāb	بائوباب
Eukalyptus (m)	okaliptus	اوکالیپتوس
Mammutbaum (m)	sorx-e čub	سرخ چوب

95. Büsche

Strauch (m)	bute	بوته
Gebüsch (n)	bute zār	بوته زار

| Weinstock (m) | angur | انگور |
| Weinberg (m) | tākestān | تاکستان |

Himbeerstrauch (m)	tamešk	تمشک
schwarze Johannisbeere (f)	angur-e farangi-ye siyāh	انگور فرنگی سیاه
rote Johannisbeere (f)	angur-e farangi-ye sorx	انگور فرنگی سرخ
Stachelbeerstrauch (m)	angur-e farangi	انگور فرنگی

Akazie (f)	aqāqiyā	اقاقیا
Berberitze (f)	zerešk	زرشک
Jasmin (m)	yāsaman	یاسمن

Wacholder (m)	ardaj	اردج
Rosenstrauch (m)	bute-ye gol-e mohammadi	بوتهٔ گل محمدی
Heckenrose (f)	nastaran	نسترن

96. Obst. Beeren

| Frucht (f) | mive | میوه |
| Früchte (pl) | mive jāt | میوه جات |

Apfel (m)	sib	سیب
Birne (f)	golābi	گلابی
Pflaume (f)	ālu	آلو

Erdbeere (f)	tut-e farangi	توت فرنگی
Sauerkirsche (f)	ālbālu	آلبالو
Süßkirsche (f)	gilās	گیلاس
Weintrauben (pl)	angur	انگور

Himbeere (f)	tamešk	تمشک
schwarze Johannisbeere (f)	angur-e farangi-ye siyāh	انگور فرنگی سیاه
rote Johannisbeere (f)	angur-e farangi-ye sorx	انگور فرنگی سرخ
Stachelbeere (f)	angur-e farangi	انگور فرنگی
Moosbeere (f)	nārdānak-e vahši	ناردانک وحشی

Apfelsine (f)	porteqāl	پرتقال
Mandarine (f)	nārengi	نارنگی
Ananas (f)	ānānās	آناناس
Banane (f)	mowz	موز
Dattel (f)	xormā	خرما

Zitrone (f)	limu	لیمو
Aprikose (f)	zardālu	زردآلو
Pfirsich (m)	holu	هلو

| Kiwi (f) | kivi | کیوی |
| Grapefruit (f) | gerip forut | گریپ فوروت |

Beere (f)	mive-ye butei	میوهٔ بوته ای
Beeren (pl)	mivehā-ye butei	میوه های بوته ای
Preiselbeere (f)	tut-e farangi-ye jangali	توت فرنگی جنگلی
Walderdbeere (f)	zoqāl axte	زغال اخته
Heidelbeere (f)	zoqāl axte	زغال اخته

97. Blumen. Pflanzen

Blume (f)	gol	گل
Blumenstrauß (m)	daste-ye gol	دسته گل

Rose (f)	gol-e sorx	گل سرخ
Tulpe (f)	lāle	لاله
Nelke (f)	mixak	میخک
Gladiole (f)	susan-e sefid	سوسن سفید

Kornblume (f)	gol-e gandom	گل گندم
Glockenblume (f)	gol-e estekāni	گل استکانی
Löwenzahn (m)	gol-e qāsedak	گل قاصدک
Kamille (f)	bābune	بابونه

Aloe (f)	oloviye	آلوئه
Kaktus (m)	kāktus	کاکتوس
Gummibaum (m)	fikus	فیکوس

Lilie (f)	susan	سوسن
Geranie (f)	gol-e šam'dāni	گل شمعدانی
Hyazinthe (f)	sonbol	سنبل

Mimose (f)	mimosā	میموسا
Narzisse (f)	narges	نرگس
Kapuzinerkresse (f)	gol-e lādan	گل لادن

Orchidee (f)	orkide	ارکیده
Pfingstrose (f)	gol-e ašrafi	گل اشرفی
Veilchen (n)	banafše	بنفشه

Stiefmütterchen (n)	banafše-ye farangi	بنفشه فرنگی
Vergissmeinnicht (n)	gol-e farāmuš-am makon	گل فراموشم مکن
Gänseblümchen (n)	gol-e morvārid	گل مروارید

Mohn (m)	xašxāš	خشخاش
Hanf (m)	šāh dāne	شاه دانه
Minze (f)	na'nā'	نعناع

Maiglöckchen (n)	muge	موگه
Schneeglöckchen (n)	gol-e barfi	گل برفی

Brennnessel (f)	gazane	گزنه
Sauerampfer (m)	toršak	ترشک
Seerose (f)	nilufar-e abi	نیلوفر آبی
Farn (m)	saraxs	سرخس
Flechte (f)	golesang	گلسنگ

Gewächshaus (n)	golxāne	گلخانه
Rasen (m)	čaman	چمن
Blumenbeet (n)	baqče-ye gol	باغچه گل

Pflanze (f)	giyāh	گیاه
Gras (n)	alaf	علف
Grashalm (m)	alaf	علف

Blatt (n)	barg	برگ
Blütenblatt (n)	golbarg	گلبرگ
Stiel (m)	sāqe	ساقه
Knolle (f)	riše	ریشه

| Jungpflanze (f) | javāne | جوانه |
| Dorn (m) | xār | خار |

blühen (vi)	gol kardan	گل کردن
welken (vi)	pažmorde šodan	پژمرده شدن
Geruch (m)	bu	بو
abschneiden (vt)	boridan	بریدن
pflücken (vt)	kandan	کندن

98. Getreide, Körner

Getreide (n)	dāne	دانه
Getreidepflanzen (pl)	qallāt	غلات
Ähre (f)	xuše	خوشه

Weizen (m)	gandom	گندم
Roggen (m)	čāvdār	چاودار
Hafer (m)	jow-e sahrāyi	جو صحرایی
Hirse (f)	arzan	ارزن
Gerste (f)	jow	جو

Mais (m)	zorrat	ذرت
Reis (m)	berenj	برنج
Buchweizen (m)	gandom-e siyāh	گندم سیاه

Erbse (f)	noxod	نخود
weiße Bohne (f)	lubiyā qermez	لوبیا قرمز
Sojabohne (f)	sowyā	سویا
Linse (f)	adas	عدس
Bohnen (pl)	lubiyā	لوبیا

LÄNDER DER WELT

99. Länder. Teil 1

Afghanistan	afqānestān	افغانستان
Ägypten	mesr	مصر
Albanien	ālbāni	آلبانی
Argentinien	āržāntin	آرژانتین
Armenien	armanestān	ارمنستان
Aserbaidschan	āzarbāyjān	آذربایجان
Australien	ostorāliyā	استرالیا

Bangladesch	bangelādeš	بنگلادش
Belgien	belžik	بلژیک
Bolivien	bulivi	بولیوی
Bosnien und Herzegowina	bosni-yo herzogovin	بوسنی وهرزگوین
Brasilien	berezil	برزیل
Bulgarien	bolqārestān	بلغارستان

Chile	šhili	شیلی
China	čin	چین
Dänemark	dānmārk	دانمارک
Deutschland	ālmān	آلمان
Die Bahamas	bāhāmā	باهاما
Die Vereinigten Staaten	eyālāt-e mottahede-ye emrikā	ایالات متحدۀ امریکا
Dominikanische Republik	jomhuri-ye dominikan	جمهوری دومینیکن

Ecuador	ekvādor	اکوادور
England	engelestān	انگلستان
Estland	estoni	استونی
Finnland	fanlānd	فنلاند
Frankreich	farānse	فرانسه
Französisch-Polynesien	polinezi-ye farānse	پلینزی فرانسه

Georgien	gorjestān	گرجستان
Ghana	qanā	غنا
Griechenland	yunān	یونان

Großbritannien	beritāniyā-ye kabir	بریتانیای کبیر
Haiti	hāiti	هائیتی

Indien	hendustān	هندوستان
Indonesien	andonezi	اندونزی
Irak	arāq	عراق
Iran	irān	ایران
Irland	irland	ایرلند
Island	island	ایسلند
Israel	esrāil	اسرائیل
Italien	itāliyā	ایتالیا

100. Länder. Teil 2

Jamaika	jāmāikā	جامائیکا
Japan	žāpon	ژاپن
Jordanien	ordon	اردن
Kambodscha	kāmboj	کامبوج
Kanada	kānādā	کانادا
Kasachstan	qazzāqestān	قزاقستان
Kenia	keniyā	کنیا
Kirgisien	qerqizestān	قرقیزستان
Kolumbien	kolombiyā	کلمبیا
Kroatien	korovāsi	کرواسی
Kuba	kubā	کوبا
Kuwait	koveyt	کویت
Laos	lāus	لائوس
Lettland	letuni	لتونی
Libanon (m)	lobnān	لبنان
Libyen	libi	لیبی
Liechtenstein	lixteneštāyn	لیختناشتاین
Litauen	litvāni	لیتوانی
Luxemburg	lokzāmborg	لوکزامبورگ
Madagaskar	mādāgāskār	ماداگاسکار
Makedonien	jomhuri-ye maqduniye	جمهوری مقدونیه
Malaysia	mālezi	مالزی
Malta	mālt	مالت
Marokko	marākeš	مراکش
Mexiko	mekzik	مکزیک
Moldawien	moldāvi	مولداوی
Monaco	monāko	موناکو
Mongolei (f)	moqolestān	مغولستان
Montenegro	montenegro	مونتهنگرو
Myanmar	miyānmār	میانمار
Namibia	nāmibiyā	نامیبیا
Nepal	nepāl	نپال
Neuseeland	niyuzland	نیوزلند
Niederlande (f)	holand	هلند
Nordkorea	kare-ye šomāli	کرۀ شمالی
Norwegen	norvež	نروژ
Österreich	otriš	اتریش

101. Länder. Teil 3

Pakistan	pākestān	پاکستان
Palästina	felestin	فلسطین
Panama	pānāmā	پاناما
Paraguay	pārāgue	پاراگئه
Peru	porov	پرو
Polen	lahestān	لهستان
Portugal	porteqāl	پرتغال

Republik Südafrika	jomhuri-ye āfriqā-ye jonubi	جمهوری آفریقای جنوبی
Rumänien	romāni	رومانی
Russland	rusiye	روسیه

Sansibar	zangbār	زنگبار
Saudi-Arabien	arabestān-e soʻudi	عربستان سعودی
Schottland	eskātland	اسکاتلند
Schweden	sued	سوئد
Schweiz (f)	suis	سوئیس
Senegal	senegāl	سنگال
Serbien	serbestān	صربستان
Slowakei (f)	eslovāki	اسلواکی
Slowenien	eslovoni	اسلوونی
Spanien	espāniyā	اسپانیا
Südkorea	kare-ye jonubi	کرهٔ جنوبی
Suriname	surinām	سورینام
Syrien	suriye	سوریه

Tadschikistan	tājikestān	تاجیکستان
Taiwan	tāyvān	تایوان
Tansania	tānzāniyā	تانزانیا
Tasmanien	tāsmāni	تاسمانی
Thailand	tāyland	تایلند
Tschechien	jomhuri-ye ček	جمهوری چک
Tunesien	tunes	تونس
Türkei (f)	torkiye	ترکیه
Turkmenistan	torkamanestān	ترکمنستان

Ukraine (f)	okrāyn	اوکراین
Ungarn	majārestān	مجارستان
Uruguay	orogue	اوروگوئه
Usbekistan	ozbakestān	ازبکستان

Vatikan (m)	vātikān	واتیکان
Venezuela	venezuelā	ونزوئلا
Vereinigten Arabischen Emirate	emārāt-e mottahede-ye arabi	امارات متحده عربی
Vietnam	viyetnām	ویتنام
Weißrussland	belārus	بلاروس
Zypern	qebres	قبرس